KB028973

너의 삶에
담긴 지구

너의 삶에
담긴 지구

홍욱희 지음

어느
환경과학자가
손녀에게 들려주는
기후와 자연과 인간 이야기

SIDEWAYS

차례

서문

1973년 대학에서 생물학을 공부하기 시작한 뒤 어느덧 50년이 지났다. 그때부터 한시도 쉬지 않고 생태와 환경에 대한 일을 해왔지만, 이쪽 분야의 일은 사람들에게 주로 미래에 대한 위기감을 불러일으키는 듯싶다. 세계 혹은 국내에선 거의 언제나 새로운 문제가 터지고, 새로운 위기론이 힘을 얻는다. 사람들의 두려움은 해를 거듭할수록 작아지는 게 아니라 오히려 더 커지는 것만 같다. 마치 내가 평생을 몸담고 연구했던 일은 위기론의 힘을 받아 더욱 힘차게 돌아가는 것처럼 느껴질 때가 있다. 그렇게 생각하면 다소 씁쓸한 감정도 든다. 흔히 인류의 미래에 대해서 논의할 때는 긍정적이고 낙관적이기보다는 다소 부정적이고 비관적인 견해를 내는 것이 보통이지만, 환경과학 분야에서는 유독 그런 경향이 강하다.

1955년 베이비붐 1세대로 태어난 나로서는, 지난 반세기 동안의 우리나라 현대사 풍경이 지금 머릿속에 주마등처럼 스쳐 간다. 젊은 분들에게는 옛날 옛적 동화처럼 느껴질지 몰라도, 내가 1960년대 강원도 산골에서 초등학교를 다니던 그때엔 석탄이 모자라 겨울만 되면 추위에 떨었다. 선생님이 낡는 책상 하나를 부순 뒤 그 나뭇조각들을 난로에 던져 넣는 결단을 내리면 이내 교실 안엔 미약하나마 온기가 돌았던 시절이었다. 우리나라가 세계에서 가장 가난했던 그 1960년대와 1970년대에는 도시의 유일한 교통수단이었던 시내버스가 시커먼 매연을 구름같이 내뿜으며 달렸고, 여기저기 들어선 공장들 굴뚝에서도 시커먼 연기가 하늘 높이 솟아올랐다. 도시의 소하천마다 마치 잉크를 뿌린 것 같은 구정물이 흘렀다.

1970년대 후반부터 1980년대 들어서는 우리 경제가 본격적인 산업화에 진입했다. 도시 여기저기에 대형 아파트 단지들이 조성되고 자가용 붐이 일었다. 서울을 비롯한 대도시들은 점점 더 몸집을 불렸고, 전국 해안지대 곳곳에 중화학공업 산업단지가 들어섰다. 논밭에서 농약을 뿌리던 농부들이 픽픽 쓰러지고, 공장에서는 유독가스에 노출된 젊은 노동자들이 생명을 잃어가고, 전국에 산재한 공업단지 인근 지역에서는 주민들의 공해 피해 호소가 연일 이어졌다. 정의롭지 못한 독재 정권이었지만, 그래도 정부는 전 세계 개발도상국 중에선 가장 빠르게 환경청을 설립하고, 산림녹화에 힘쓰고, 관련 법령을 정비하며 경제 발전과 환경 보전 두 마리 토끼를 잡기 위해 힘썼다.

그리고 그 목표는 일정 부분 성공을 거두었다. 1990년대를 지나 21세기에 이르면서 국가 경제는 비약적으로 성장했다. 이때쯤 이르러 서울의 공기가 눈에 띄게 깨끗해지고, 도시 하천에서도 온갖 물고기들이 뛰놀기 시작했다. 그리고 바로 그때부터 우리에게는 지구온난화에 대한 위기감이 고조되고, 그 위기감은 2023년 요즈음 절정을 맞고 있다. 기후변화, 기후재난, 매해 점점 더 뜨거워지는 지구에 대한 사람들의 관심과 우려는 압도적이다. 이 문제는 인류의 가장 절박한 과제로 떠오르며 점점 그 심각성을 더해가고 있다. 이 문제는 조만간 우리 식탁에, 일상생활에, 그리고 세계경제와 국제정치에 이르기까지 그야말로 전방위적으로 엄청난 파국을 불러올지도 모른다.

전 지구적인 기후만 위기인 게 아니다. 우리나라의 환경문제도 여전히 우릴 에워싸고 있다. 넘쳐나는 플라스틱 쓰레기나 우리 농업과 축산업의 먹거리 안전성 문제 등 우리가 시급히 해결해야 할 문제는 산적하다. 화력발전과 원자력발전을 넘어서야 한다는 목소리와 그 반대 진영의 목소리가 격렬하게 부딪치고 있고, 전국 하천 곳곳의 녹조 문제도 비상이다. 또 10년 전

일본 원전 사고의 여파로 후쿠시마 핵 오염수라는 생각지도 못했던 국제적 환경문제가 새롭게 등장하기도 했다. 많은 사람들에게는 이미 잊혔지만, 가습기 살균제 사태는 우리 사회의 환경 정의를 송두리째 무너뜨리고 수많은 사상자를 낸 국가적 비극이었다. 그 비극은 여전히 현재진행형이다.

어디서부터 해결해야 할까? 이미 대중매체에는 지구의 미래에 대한 위기론이 가득하고, 나는 이 책에서 똑같은 논의를 반복하고 싶지는 않았다. 그렇다면 지구에 사는 인류의 일원으로서 지금 우리가 실천할 수 있는 방안은 과연 무엇일까? 나는 바로 지금, 바로 이 시점에서 대한민국에서 살아가는 한 사람 한 사람이 실천할 수 있고, 실천해야 하는 게 무엇인지를 전하고 싶었다. '전 세계의 위기'라는 다소 헐거운 보편론에서 벗어나, 우리가 처한 바로 이 현실 상황 속에서 해나가야 할 가장 실질적인 이야기를 담아내고 싶었다.

우리가 지구의 미래를 망치고 있는 요인, 우리가 한국 사회의 환경문제들을 해결하지 못하고 있는 근본적인 원인은 무엇일까? 나는 우리 사회에 팽배해 있는 지나친 경쟁의식, 천편일률적인 성공의 기준과 삶의 방식, 그리고 소박하지 못한 생활 습관과 극심한 물질주의라고 생각한다. 그런데 이런 속성들은 대한민국의 급속한 경제 기적을 낳을 수 있게 만들어준 미덕이었다는 점에 그 기막힌 아이러니가 있다. 겉으로는 어느새 가난의 탈을 벗고 엄연한 선진국이 되었는데, 우리 국민들의 마음은 여전히 과거 가난했던 시절에 머물고 있기에 우리가 이 기후 위기 시대에 그토록 역행하고 있고, 제대로 된 해결책을 마련하기도 그토록 어려운 것이리라.

과거 우리가 개발도상국이었던 시절에는 환경문제가 환경 문제로서 그칠 수 있었다. 그래서 일정 수준의 경제력과 과학 기술로 그것들을 해결할 수 있었다. 물론 거기에 더해서 어느 정도의 사회적 합의가 필요하기는 했지만. 그런데 지금처럼 선 진국이 된 후에는 제아무리 간단한 환경문제라도 이제 더 이상 환경문제로만 끝나지 않는다. 환경문제가 어느새 사람들의 일 상생활과 바로 직결되어, 그 사회 구성원 각자가 생각을 바꾸 고 생활 패턴을 바꾸지 않으면 도저히 해결될 수 없기 때문이 다. '나부터' 바뀌지 않고 누군가를 탓하기엔, 국가를 탓하기엔, 대기업을 탓하기엔 이미 시대가 너무 변해버렸다. 여전히 많은 사람들은 그것을 인정하려 하지 않지만.

이 아이러니를 어떻게 풀어가야 할까? 나는 이렇게 생각 했다. 만약 지금 우리 사회가 마주한 실제 현실과 그런 현실에 대해서 보통 사람들이 지니고 있는 보편적인 인식의 차이를 나 의 손녀 리아에게 쉽게 설명해보자고. 리아와 이야기를 나누는 방식이라면 이 책을 접하는 우리 젊은이들도 좀 더 쉽게 그런 문제들의 해결책에 대해서 생각해볼 수 있지 않을까? 만약 그럴 수만 있다면 그들이 지구와 벗 삼아 살아가는 자기 미래를 설계하는 데에도 어느 정도 도움이 될 수 있지 않을까?

그래서 이 책에서 나는 지난 40여 년 동안 환경학자이자 환경전문가로 살면서 체득했던 이해의 바탕 위에서 내가 왜 이런 생각을 품게 되었는지를 갓 중학생이 된 손녀 리아와의 대화를 통해서 차근차근 풀어내고자 했다. 이를 바탕으로 나는 지금 우리를 둘러싼 거대한 위기론에 함몰되지 않은 나의 환경학을 펼치고자 했다. 이제 일흔을 앞두고 생의 황혼을 맞이한 우리 세대가 아무리 위기를 떠들어봐야 그것은 다소 시대착오적이고 무책임한 일일지도 모른다. 중요한 것은 자라나는 세대가 어떻게 밝고 긍정적인 마음가짐으로, 새로운 시대의 가치관과 세계관을 지닌 채 살아가야 하는가이다. 과거에 얽매이는 것이 아니라 바로 지금, 그들이 할 수 있는 출발점에서부터.

나는 이 책에서 기후변화 문제를 인류 생존과 결부시켜 거창하게 다루고 싶지는 않았다. 앞으로 우리 아이들이 살아가야 할 가까운 미래를 위해서 지금 우리 모두가 반드시 이해해야 하는 가장 기본적인 사안들, 그리고 우리가 가장 가까운 곳에서 일상적으로 실천해야 하는 삶의 지혜와 수칙들을 모으고자 노력했다. 앞으로 우리의 손주들이 더욱 풍요롭고, 더욱 안전하고, 더욱 쾌적한 환경 속에서 살아가며, 조금 더 각별히 이웃을 생각하고, 이웃을 돕는 따뜻한 사회로 나아가는 데에 이 책이 다소나마 도움이 될 수 있다면 더할 나위 없이 고마운 일일 것이다.

2023년 7월

대전 회덕정 텃밭에서

홍욱희

봄은 침묵하지 않는다

1

할아버지는 한평생 환경을 연구하셨잖아요. 온 세상
이 기후 위기를 말하면서 지구의 미래를 걱정하고 있
어요. 할아버지도 마찬가지인가요?

그렇단다, 리아야. 내가 대학의 생물학과에 입학했던 게 1973
년이니, 그때부터 어느덧 50년이 흘렀구나. 대학을 졸업한 이
후부터 나는 나름대로 최선을 다해서 자연과 인간의 관계를 연
구해 왔어. 그리고 이렇게 내 나이쯤 되면 우리 지구가 직면한
위기를 바라보며, 무엇보다도 먼저 너의 미래를 생각할 수밖에
없단다. 내게 지구의 미래는 1000년, 2000년 후가 아니라 네가
앞으로 살아갈 삶의 시간과도 같아. 그리고 네가 앞으로 살아
가게 될 100년의 미래상을 생각했을 때, 기후변화가 지금보다

더 빠른 속도로 진행될 것이라고 생각하고 있어. 그것은 막을 수가 없단다. 단기간에 꺾일 거라고는 전망이 되지 않아.

지금 우리가 맞닥뜨린 위기가 처음 있는 일인가요?

지구가 지금처럼 뜨거워지고 있는 게 역사상 유례없는 일은 아니야. 지구의 43억 년 역사 중에서 지난 천 년 동안만 따로 떼어 놓고 살펴보더라도 그 평균기온이 항상 일정하게 유지되었던 것이 아니거든. 때로는 지금보다 조금 더 높게, 또 때로는 더 낮게 유지되었던 시대가 있었어.

너도 잘 알고 있을 『플랜더스의 개』라는 동화가 있잖아. 마지막 장면에서 네로와 파트라셰가 성당에서 서로 꼭 끌어안고 얼어 죽는 장면이 있는데, 그 책은 1872년에 처음 출판되었어. 그런데 실제로 그 당시 유럽은 정말로 추운 시절이었단다. 전 세계적으로도 대략 15세기부터 18세기 중엽까지를 소빙하기라고 부를 정도로 지금보다 훨씬 추웠다고 할 수 있어. 그런가 하면 기후가 지금보다 따뜻할 때도 물론 있었지. 역사학자들은 서구 역사에서 로마가 가장 융성했을 때, 르네상스 시대가 열렸을 때 기후가 매우 온화해서 농작물 생산이 풍성했다고 이야기해. 우리나라 『조선왕조실록』에서도 지금보다 훨씬 뜨거웠던 시절과 훨씬 추웠던 시절이 서로 번갈아 나타나곤 했다는 기록을 찾아볼 수 있단다.

그러면 왜 최근 들어서 사람들이 기후변화를 그렇게 위험하게 바라보는 것일까요?

과거의 기후변화는 100년에서 수백 년의 기간을 두고 점진적으로 진행되었던 것에 비해서 최근의 기후변화는 그 기간이 너무나 짧은 시간에 발생했기 때문이야. 기후과학자들은 최근의 기후변화가 대략 20세기 중반부터 시작되었는데 불과 50~60년 동안에 지구 평균기온이 너무나 급작스럽게 상승하고 있다는 점에 주목해. 그중에서도 20세기 이후의 변동 곡선을 꼼꼼하게 살펴보면, 지금은 지구가 뜨거워지는 시기인데 마침 인간이 이산화탄소와 온실가스를 배출해서 인위적으로 기후를 뜨겁게 만들고 있는 두 사이클이 겹쳐버렸지. 그래서 지난 50년 혹은 100년간의 전 세계 평균기온의 단기적 추세를 지켜보았을 때 과거보다 조금 더 급격하게 치솟고 있는 건 분명해. 그러니까 사람들이 이렇게까지 이산화탄소를 내뿜지 않았던 수백 년 전, 수천 년 전에도 지금과 같은 홍수나 가뭄, 극한의 더위나 추위 등 극단적인 기후변화가 있었는데, 지금 우리가 그것을 가속화하고 있다고 볼 수 있지.

할아버지도 지구의 미래를 불안하게 보시는 것이겠지요?

맞아. 나도 많은 과학자처럼 이 문제를 굉장히 심각하게 생각하고 있단다. 그렇지만 기후 위기 문제는 우리가 그 위협을 늘어놓고 '심각하다'고 이야기하는 것을 통해 해결되진 않는다고 생각해. 세계 여러 곳의 극단적인 양상을 바라보며 '위기다'라고 말하는 것으로는 이 문제의 실마리를 풀 수 없다는 게 내 생각이야.

그럼 할아버지는 어떤 말씀을 들려주고 싶으세요?

나는 시간이 중요하다는 걸 너에게 말해주고 싶어. 시간의 힘을 믿고, 네가 지구의 내일을 위해 천천히 너의 삶을 가꿔나갔으면 좋겠어. 우리나라도 향후 미래를 대비하며 국가의 체질을 바꿔가야 할 거고. 또 우리 사회의 시민들도 조금씩 자기 삶을 바꿔나가고, 그 안에서 네가 자유롭고 밝은 영혼으로 자라났으면 좋겠다고 매일 생각한단다. 다른 누구보다도 네가 더 아름답고 건강하게 살아간다면, 너의 삶을 바라보고 사람들이 조금 더 나아질 수도 있을 거라고 믿어. 그렇게 인간의 세계관과 자연관이 긴 시간을 통해 바뀌어야만 이 지구의 위기도 진정으로 해결될 수 있을 테니 말이야.

시간이 왜 중요할까요, 할아버지?

리아야, 만약 전 세계의 모든 사람이 앞으로 10년간 이산화탄
소를 거의 하나도 안 쓴다고 가정해볼까? 과거 석기시대의 인
류처럼 그 배출을 최소화한다고 말이야. 그럼 10년 후에는 다
시 정상적인 기후가 될까? 우리가 사는 이 세계의 위기는 해결
될 수 있을까? 그렇지는 않아. 이미 대기 중에는 너무 많은 온
실가스가 들어 있기 때문에 단기적으로 10년과 50년, 그리고
100년과 200년 이후에도 지금과 같은 추세가 계속될 수밖에
없을 거야. 또 기후변화에 영향을 미치는 인자는 이산화탄소
농도뿐만 아니라 무수히 많고 그것들이 복합적으로 작용해서
발현된단다. 그 복합성에 대해서는 과학계 안에서도 논쟁이 분
분해.
　　현재 지구의 앞에 놓인 극단적인 위기는 100년, 200년 안
에는 변화될 수 있는 문제가 아니고, 앞으로도 계속 인류와 함
께 갈 수밖에 없을 거야. 그러면 우리가 지금 거기에 대해서 취
할 수 있는 대비는 신중해야 하고, 장기적이고 미래지향적인
관점과 계획에 따라야 하며, 또 가장 근본적인 차원에서 이뤄
져야 하는 거지. 그래도 인류의 가장 당면한 과제는 이산화탄

소 배출량을 줄이고, 한정된 자원과 화석연료를 아껴 쓰는 것이라는 말을 너도 들어보았지? 우리가 입는 것, 먹는 것, 우리가 마트에서 쓰는 장바구니와 집 안의 온갖 가전제품과 가구들, 세제와 인테리어용품…. 그것들 모두 석탄과 석유에서 추출한 원료로부터 만들어진 것이라고 해도 좋거든. 그걸 우리 후손을 생각하지 않고 태워서 없애는 건 너무 아까운데, 그러한 전 세계적인 틀과 규범을 변화시키기 위해서는 많은 시간이 필요하겠지. 사람들의 생활양식과 마음을 바꾸는 데는 그보다 더 오랜 시간이 걸릴 거고.

결국 인간이 지구의 위기에 대한 조치를 좀 더 빨리 취했어야 하는 것일까요, 할아버지? 인류가 지구의 위기를 재촉한 것인가요?

그렇다고도 볼 수 있고, 아니기도 해. 물론 인간의 근대 과학기술과 산업혁명이 없었다면 온난화 추세가 지금처럼 심각하진 않았을 수도 있어. 하지만 나는 대한민국이 정말 혹독하게 가난하던 때에 이 나라에서 태어나서, 그때 우리나라의 실상이 얼마나 비참했는지를 알기 때문에 우리가 근대 산업화 문명으로부터 얻게 된 것들을 포기할 수 없어. 인류의 도시화와 공업화는 많은 문제를 낳았지만, 그것이 병들고 굶주린 우리 국민을 얼마나 많이 살려냈는지는 네게도 꼭 들려주고 싶어. 난 네가 지금 누리고 있고, 앞으로 누려가야 할 문명의 편리함을 현실적으로 인정할 수밖에 없다고 생각한단다. 그게 설령 현재의 기후변화를 일정 부분 촉진했다고 해도 말이야. 인류의 기대 수명과 건강 수준은 지난 100년간의 과학기술과 보건의료의 발전 덕분에 급격히 좋아졌는데, 그건 내가 태어난 대한민국의 1950년대와 비교할 수 없는 수준이야. 나 어릴 때는 영아사망률도 심각했고, 점심밥을 먹지 못하는 아이들도 수두룩했고, 집집마다 병원에 가지도 못하고 고통에 시달리는 사람들이 꼭 있었어. 의료 수준도 처참해서 병에 걸려서 일찍 죽은 친구들도 있었고, 몇 킬로미터의 산길을 걸어서 등교하는 아이들도 많았지.

그랬군요. 두 마리 토끼를 다 잡을 순 없는 걸까요? 우리가 무엇을 할 수 있을까요?

작은 데서부터 무언가를 해나가야겠지? 나는 이 책에서 우리 한 사람 한 사람이 바뀌는 일로부터 기후 문제를 풀어가야 한다고 말해주고 싶어. 나는 거창하고 지나치게 당위적인 이야기를 너에게 하고 싶진 않아. 지구가 위기라는 것을 강조하기보단, 우리가 모두 일상적이고 실용적인 곳에서 그 해결책을 찾고 우리의 삶을 더 풍요롭게 만들며, 그러면서도 성숙하고 건강한 사회, 건강한 나라를 만들어가야 한다고 생각해. 아무리 기후 위기를 극복할 수 있는 혁신 과학기술이 중요하더라도, 그것을 실현해나가는 건 결국 인간 공동체일 테니 말이야.

지구를 걱정하기 전에 제 주위를 돌아봐야 한다고 말씀하시는 건가요?

그렇단다. 기후 위기를 경고하는 수많은 과학자의 말은 결코 틀린 게 아니야. 그럼에도 아직 세계에서는 기후변화와 지구의 위기를 부정하는 목소리가 꽤 큰 것이 사실이지. 우리나라 일각에서도 그런 이야기를 하는 학자나 정치인이 없지 않지? 그들은 정말 잘못 생각하고 있어. 그리고 네가 기후 위기를 걱정하고 자연과 환경의 미래를 깊이 고민하는 어른으로 자라나 주면 좋겠어.

그런데 리아야, 동시에 지금 위기론의 시각 대부분은 미국과 서유럽, 그러니깐 아주 풍요롭고 윤택한 선진국의 시각이라는 것도 틀린 말은 아니란다. 앞으로도 이 책에서 너에게 들려주겠지만, 이미 풍요와 편리를 누릴 대로 누리고 있는 나라에서 '지구의 미래'라는 명분으로 가난한 나라의 사람들이 타고 올라가야 할 사다리를 걷어차는 성격이 큰 것도 분명해. 그러니 지금의 위기론을 무비판적으로 수용하는 것도 꼭 옳다고만은 할 수 없단다.

세계의 각 나라마다 다 자기만의 사정이 있나 보네요.

맞아. 그래서 나는 지금 이 문제를 '지구의 위기'라고 부르는 것을 조금은 경계해야 한다는 입장이야. 세상에는 수백 개의 국가가 있는데, 그 국가들의 국민이 각자 처한 상황은 너무나도 다르지. 모든 나라가 제각기 처한 환경문제가 있어. 우리는 그것을 뭉뚱그려 '지구'로 표현하기보다는, 대한민국의 시민으로서 우리가 실천할 수 있는 가장 현실적인 문제부터 풀어나가는 게 바람직하다고 본단다. 우리는 섣불리 지구와 세계를 걱정하기 전에 우리의 문제부터 제대로 해결하는 게 우리가 맞닥뜨린 위기를 더 잘 해결할 수 있는 길이라고 생각하고.

나 개인적으로는 인류의 미래를 낙관적으로 보는 편이야. 우리는 이 위기를 헤쳐나갈 수 있어. 과학의 힘으로, 그리고 미래를 믿는 인간의 힘으로 말이야. 그래서 미디어에서 줄기차게 종말의 위험을 외치며, 전 세계 곳곳의 기후재난을 보여주면서 '인류 최악의 기후 위기'를 강조하는 것도 좋게만 보이지는 않아. 그렇게 자극적인 뉴스보다는 우리 각자가 과소비를 하지 않고, 나보다 더 약한 사람들을 먼저 헤아리고, 자신의 환경에 맞는 소박한 삶을 사는 게 훨씬 더 중요하다고 생각해. 개인의 실천이 그만큼 중요하고, 또 기업과 정부의 정책이 바뀌는 것도 물론 중요하지. 그들을 시민의 눈으로 감시하고 감독하는 것 또한 필수적이야.

무엇보다도 나는 네가 행복하게 살아나가는 게 이 세계와 환경을 지킬 수 있는 길이라고 생각해. 출발은 이 나라에서, 우리 사회의 시민으로 살아가는 너라는 사람이야. 내게 중요한 건 지구보다도 너의 미래이고, 그래서 난 너의 삶 속에 지구가 담겨 있다고 보는 편이야. 지구보다 앞선 존재는 바로 너니까. 그래서 지금 대한민국에서 자라나는 공동체의 일원이자, 나의 손주이며 내 딸의 자녀로 자라나는 네가 너의 삶으로 지구를 바꿀 수 있다고 보는 거야.

감동적인 말이네요, 할아버지. 감사해요. 할아버지 말씀을 듣다 보니, 가난한 사람에게 더욱 불평등한 기후 위기라는 말도 생각났어요.

정확한 표현이야. 전 세계 인구 85퍼센트 이상이 극단적인 기후변화를 경험 중이라고 하지 않니? 그런데 가난한 국가의 사람들이 그 문제를 더 목숨을 걸고 겪어내고 있지. 부자는 작은 피해를 입어도 자신들의 피해를 인지할 수 있지만, 가난한 사람들은 그야말로 모든 걸 잃어버리게 되거든. 세계의 질서는 정말 냉정하단다. 빌 게이츠라든지 아주 유명한 사람들이 기후 위기를 걱정하는 목소리는 그 자체로 경청할 만하지만, 또 그들이 선의로 그런 일을 하는 것을 인정하더라도, 그들은 자기가 가진 걸 포기하거나 자신이 소유한 기업, 기업의 수익, 또 미국이라는 나라의 이권을 포기할 생각은 없어. 그들이 지금 외치고 있는 '새로운 미래' 또한 하나의 패권적인 세계 질서의 성격이 짙게 깔려 있단다. 나도 과학자로 평생을 살았지만, 그들은 선진 과학과 기술을 손에 움켜쥔 채 세계의 불공정하고 불공평한 질서를 외면하고, 앞으로도 세계를 움직이려는 주도권을 놓지 않을 거야. 기후 위기 시대에 혁신 기술을 개발할 수 있는 건 이미 성큼 앞서 있는 저 선진국의 기업과 정부일 테니 말이야.

어려운 문제네요…. 그래도 전 세계 사람들이 다 함께 기후 위기를 극복해야 하는 건 맞지 않을까요?

물론이야. 그렇게 말해주어서 반갑구나. 세계가 합심해서 위기를 극복한 성공 사례도 들려줄게. 오존이라는 기체를 알고 있지, 리아야? 우리가 호흡하는 산소는 산소 원자 두 개로 이루어진 산소 분자라고 할 수 있어. 오존은 그런 산소 원자 세 개로 구성된, 아주 파괴되기 쉬운 연약한 기체야. 오존은 지구 진화의 과정 중에 지표면에서 서서히 만들어졌고, 그것이 성층권으로 올라가서 오늘날 우리가 알고 있는 오존층을 형성하게 된 것이지. 오존층은 태양으로부터 오는 자외선을 차단해서 지구의 생물을 강력한 태양 자외선으로부터 보호해주는 역할을 한단다.

그런데 그런 오존층 파괴의 속도가 1970년대 이후부터 특히 심각해졌어. 왜 그랬을까? 냉장고의 냉매로 쓰이던 프레온 가스(CFC)가 원인인 게 밝혀졌단다. 리아야, 냉매는 무엇인지 알고 있니? 액체가 기체로 바뀌는 현상을 기화라고 하지? 물을 끓이면 수증기로 변하는 것처럼 말이야. 물의 경우에는 100도에서 기화가 일어나기에 그만큼 열을 가해줘야만 해. 만약 물보다 훨씬 낮은 온도에서 기화가 일어날 수 있는 물질이 있어서 그런 물질을 냉장고 안쪽에 흘려보내면 어떻게 될까? 스스로 기화하면서 주위로부터 열을 빼앗아 가겠지? 그럼 냉장고 안의 온도는 내려가게 되고, 기체화된 물질은 강제로 압축하면 다시 액체로 변하게 돼. 냉장고에서 모터 돌아가는 소리가 가끔 들리는데 모터의 역할이 바로 그 기체화된 물질을 압축해서 액체로 되돌리는 것이란다. 냉장고 아랫부분이나 뒤쪽에서는 뜨뜻한 바람을 느낄 수 있지 않니? 이건 냉장고에서 흡수한 열이 외부로 방출되는 것이고,

냉장고는 이런 원리로 작동하는데, 이건 에어컨도 마찬가지야. 이때 효율 높은 냉장고나 에어컨을 만들기 위해서는 기화열이 아주 높으면서도 압축이 쉬운 물질이 필요한데 프레온가스가 바로 그런 최적의 냉매였던 거야.

그럼 프레온가스는 어떻게 오존층을 파괴한 거예요?

사실 프레온가스는 우리가 생각하는 것보다 훨씬 그 용도가 다양했어. 가정의 냉장고나 에어컨은 물론 자동차의 에어컨, 그보다 훨씬 더 많이는 산업용 냉장고나 냉동고 시설에서 사용되었지. 그러면 어딘가에서는 파이프 속을 흐르는 프레온가스가 외부로 유출될 수 있잖니? 프레온가스는 공기보다 훨씬 가볍기 때문에 자연스럽게 성층권까지 도달할 수 있었고, 그래서 화학적 반응으로 오존 분자를 파괴했던 거야. 한 가지 더 중요한 사실은 프레온가스 자체는 아주 분해가 어렵기 때문에 오랜 시간 공기 중에 머물면서 지속적으로 오존을 분해할 수 있다는 사실이야. 오존층 파괴는 바로 그렇게 해서 발생했던 거란다.

이런! 그래서 어떻게 되었나요?

세계는 빠르게 움직였어. 유엔환경계획(UNEP)이라는 유엔 산하의 국제기구가 있거든. 이 기구가 세계기상기구(WMO)와 공동으로 1985년 3월 비엔나 협약을 제안해. 전 세계 인류가 프레온가스 사용을 멈추어서 오존층을 보호하자는 역사적 사건이었어. 그 후 전 세계 122개국이 힘을 모아 이 협약을 발전시켰고, 1987년 몬트리올 의정서가 채택된단다. 그때부터 세계적으로 프레온가스 제조와 사용이 금지되었어. 그 효과는 놀라웠지. 2023년 초, 지구의 오존층이 극적으로 회복되고 있다는 반가운 뉴스를 보았니? 많은 나라들이 합심해 프레온가스 사용을 규제하고 오존층 파괴를 막았던 몬트리올 협약은 국제 협력으로 지구적 환경문제의 하나를 극복한 아주 좋은 본보기가 되었다고 할 수 있어.

프레온가스 대신에 냉장고나 에어컨에 사용할 수 있는 냉매를 개발하려는 과학자들의 노력도 계속되었지. 일단 프레온가스를 막은 이후에는 세계의 기준도 좀 더 엄격해졌어. 아직도 사용하고 있긴 하지만, 프레온가스보다는 오존 파괴 정도가 낮아 대체물질로 쓰였던 수소화염화불화탄소(HCFC)도 수소불화탄소(HFC)도 각각 2차 규제 물질, 3차 규제 물질로 분류돼 향후 완전히 퇴출당할 예정이야. HCFC와 HFC는 이산화탄소보다 지구온난화 효과가 수천 배 더 강한 물질인 것이 밝혀졌거든.

반가운 변화네요, 할아버지!

그런데 지금까지 내 이야긴 밝고 이상적인 면이었고, 여기서부터는 조금 어둡고 현실적인 이야기를 들려줄게. 1980년대 후반 많은 나라들이 프레온가스 사용을 금지했을 때, 미국과 일본 등 선진국은 어땠을까? 그 나라들은 1980년대 이전부터 이 물질의 대체물을 진작부터 준비하고, 연구와 개발에 매진하고 있었어. 대체 냉매의 상업화는 물론 환경친화적인 기술개발 전략과 산업구조 개편이 이미 정착 단계에 들어서 있었던 거지. 잘 사는 나라들은 이미 프레온가스가 환경에 심각한 악영향을 준다는 걸 알고 있었던 거야.

그래서 프레온가스 규제는 그네 나라의 경제에 특별한 영향을 미치지 않았어. 아니, 오히려 몬트리올 의정서 채택 이후 전 세계적으로 프레온가스를 사용하는 냉장고와 냉장 시설, 에어컨 등의 교체 바람이 불면서 그런 제품들의 생산이 갑자기 크게 증가하게 되었으니 선진국들의 기업엔 커다란 경제적 이익을 불러왔다고 할 수도 있어. 거기다가 중요한 건, 가난한 나라들은 애초에 오존층 파괴 물질을 별로 쓰지도 않았다는 거야. 프레온가스를 쓰는 냉장고와 에어컨 등이 1980년대까지는 사실상 주요 선진국들에서만 생산되었으니깐!

기술을 개발하는 건 정말 중요한 일인 것 같아요. 그때 그 부자 나라들은 왠지 조금 밉기도 하고요.

그렇지. 꼭 그들을 탓하자는 건 아니지만, 이런 걸 생각하면 조금 씁쓸하지 않니? 어쨌든 우리도 문제의 실상을 똑바로 들여다볼 필요가 있어. 온실가스 규제의 핵심은 이산화탄소 발생억제인데, 이산화탄소는 선진국과 개발도상국을 막론하고 어디에서나 발생해. 그런데 선진국은 자신들의 이산화탄소 배출량을 원천적으로 줄이는 방안 역시 마련해두었어. 나중에도 설명하겠지만, 일찌감치 미국과 유럽의 대다수 선진국은 온실가스 발생이 심각한 산업시설의 상당 부분을 중국을 비롯한 개발도상국들에 떠넘겼단다. 그러고선 그들은 이제 개발도상국들도 온실가스 규제에 적극 참여해야 한다고 주장하는 거야.

프레온가스와는 달리 이산화탄소는 대기 중으로 방출되었을 때 그 수명이 훨씬 긴데, 대략 100년 정도로 알려져 있어. 그렇다면 과거 산업혁명의 시작과 함께 이산화탄소를 마구잡이로 배출했던 선진국들의 배출 책임과 1980년대 이후 서구 사회의 노후 산업시설을 넘겨받으면서 온실가스 배출이 불가피하게 증가할 수밖에 없었던 개발도상국들의 책임 중에서 어느 쪽이 더 클까? 이 부분에서 이산화탄소 배출의 책임을 보다 균등하게 배분하자는 선진국들의 주장이 과연 얼마나 타당성이 있을까?

이미 자기네가 많은 온실가스를 배출해놓고, 이제 모두 다 함께 지구를 위해 노력하자는 거죠?

쉽지 않은 문제야. 정답이 있는 것도 아닐 테고, 또 양측의 입장이 다 옳을 때도 있어. 그러니까 환경과 기후 문제가 해결하기 어려운 것이고, 또 많은 사람의 의견이 분분한 문제이기도 한 것이란다. 여기서 또 너에게 들려주고 싶은 중요한 사안이 하나 있어, 리아야. 너는 레이첼 카슨의 『침묵의 봄』이라는 책을 알고 있니?

아, 들어봤는데 아직 읽지는 못했어요.

이 책을 쓴 레이첼 카슨은 내가 정말 존경하는 학자이고, 그가 1962년에 발표한 『침묵의 봄』은 그야말로 세상을 바꿔놓았단다. 나는 영광스럽게도 오래전 이 책을 감수하는 일을 맡았고, 지금도 내가 최종적으로 문제가 없는지 살펴본 이 번역본이 서점에서 독자들을 만나고 있어.

카슨의 『침묵의 봄』에서 다뤘던 대표적인 화학합성 농약이 바로 DDT야. 원래는 디클로로-디페닐-트리클로로에탄이라는 아주 어려운 명칭의 복잡한 화합물인데 줄여서 DDT로 불렸어. 이 물질은 1874년에 실험실에서 처음 제조되었고, 모기를 비롯한 여러 농업 해충들에 작용하는 우수한 살충 능력은 1941년에 특허로써 알려졌어.

DDT를 비롯한 유기합성 농약들은 사실 처음 등장할 때만 해도 그야말로 기적의 화학물질로 간주되었단다. 그 이전까지는 농민이 밭에서 밀의 씨앗을 심으면 그 이삭의 절반 이상을 해충들에게 뜯기는 것이 보통이었어. 그리고 애써 추수한 농산물도 수송하고, 저장하는 과정에서 또 그 절반을 쥐를 비롯한 각종 해충에 바쳐야만 했어. 그러니 DDT가 얼마나 반가웠겠니? 더욱이 그런 농약들을 아주 싼값에 살 수 있었으니 가난한 농민들에게는 그야말로 구세주가 아닐 수 없었어. 농산물의 다수확으로 그 가격이 내려가니 도시 노동자들에게도, 나아가서는 전 세계 인류에게 커다란 혜택이 돌아갈 수 있었던 것은 아주 당연한 일이었고. 그래서 이 물질은 재빨리 상용화되어 미국의 농경지에 마구잡이로 뿌려지게 됐어.

그런데 이 책 『침묵의 봄』은 그러한 분위기에 찬물을 끼얹었단다. 카슨은 이 책에서 엄청난 양의 DDT를 비롯한 각종 살충제, 제초제, 살균제가 전 세계적으로 얼마나 광범위하게 사용되고 있는지 고발했던 거야. 그리고 그것들이 자연 속에서 쉽게 분해되지 않고 먹이사슬을 통해 모든 동식물의 체내에 축적되면서 어떤 결과를 불러오고 있는지 분석하고, 왜 정부와 산업계는 그런 농약의 과다 사용을 부추기고 있는지, 그리고 그 결과 결국 이 지구 생태계는 어떤 파국을 맞게 될 것인지를 차분히 설명했어. 이 책의 출간 덕분에 미국에서는 1972년에 DDT의 제조와 사용이 금지되기에 이르렀고, 이어서 그런 규제가 전 세계로 퍼져나갔단다. 우리나라에서는 1979년에 DDT 시판이 금지되었지. 사정이 이렇게 되기까지에는 물론 카슨의 고발이 지대한 공헌을 했어.

DDT는 왜 그렇게 문제가 많았을까요?

DDT와 같은 유기합성계 농약들의 치명적인 약점은 자연에 살포되었을 때 쉽게 분해되지 않고 남아 있다는 거야. 특히 동식물의 몸에 들어가게 되면 분해되어 배출되기가 극히 어렵고, 대부분 몸속에 축적돼. 물론 처음에는 이런 난분해성이 유기합성 농약의 아주 중요한 장점으로 간주되었어. 토양이나 농작물의 잎 표면에 오랜 기간 남아서 약효를 발휘할 수 있으니까 굳이 자주 농약을 뿌릴 필요가 없었기 때문이지.

그런데 DDT는 한번 살포하면 그 성분이 자연에서 분해되기가 대단히 어려워. 그래서 식물성 플랑크톤, 동물성 플랑크톤, 작은 어류, 큰 어류, 작은 새, 이어서 독수리와 매 같은 맹금류에게까지 이어지는 일련의 먹이사슬을 통해서 축적되게 마련이야. 새들의 몸에 들어간 DDT는 산란을 방해해서 카슨이

『침묵의 봄』에서 묘사했던 것처럼 새들을 사라지게 만들었어. 그러면 포식자가 사라진 농경지에서는 다시 온갖 해충들이 만연하고, 결국은 농업 자체가 파괴되겠지.

그런가 하면 농약이 꿀벌의 몸속으로 유입되면서 꿀벌이 사라지는 사태도 발생했어. 봄에 꽃이 피면 이를 수정하는 매개체가 바로 벌과 나비인데, 이들이 사라지면 농작물과 과수나무는 치명적인 피해를 입을 수밖에 없었어. 또 논밭에 뿌려진 농약 중 농작물 속으로 유입된 일부분을 제외하면 그 대부분은 빗물에 씻겨서 하천으로 또 바다로 들어가게 돼. 그러면 수중 생물들에서도 연쇄적인 먹이사슬에 의해 농약이 축적되고 번식이 어려워지지. 유기합성계 농약 사용은 비단 생태계 파괴에만 그치는 것이 아니야. 농약에 찌든 농작물을 섭취하는 우리 인간에게도 그런 농약 잔존물이 축적되겠지? 급기야는 아이를 출산한 엄마의 젖에서도 그런 농약들이 고농도로 검출되곤 하였어.

아, 생태계에 정말 커다란 영향을 미쳤네요.

하지만 카슨이 최초로 발 벗고 나섰던 1960년대 초엽까지, 당시엔 아무도 그런 농약의 과다 사용이 불러올 수 있는 결과에 대해서는 신경을 쓰지 않았어. 사실 그때 과학계 일각에서는 유기합성 농약 사용이 불러올 수 있는 부정적인 결과에 대해서 이미 눈치채고 있었다고 해야 맞는 말일 거야. 하지만 그런 위험성에 대해서 목소리를 높이는 양심적인 과학자는 거의 없었어. 카슨이 『침묵의 봄』을 썼던 때가 바로 그즈음이었지. 그리고 모든 비극의 출발점은 바로 인간이 만든 유기합성계 농약류, 그리고 마구잡이로 그것을 사용하면서 발생하게 된 참극이라는 것을 밝혔어. 레이첼 카슨의 위대한 점은 바로 그런 사실을 낱낱이 까발려서 책으로 처음 출판했다는 데에서 찾아야 할 거야.

카슨은 정말 멋진 분이었네요.

맞아, 레이첼 카슨은 정말 위대하고 용감한 사람이었어. 1907년에 미국 펜실베이니아주 시골 마을의 한 평범한 가정에서 태어난 카슨은 자연과 생명의 소중함을 늘 일깨워주었던 어머니의 뒷받침으로 당시 여성으로서는 드물게 대학을 졸업할 수 있었어. 또 작은 몸매의 그분은 온화하고 조용한 성품으로 평생을 독신으로 지냈어. 그래서 어쩌면 야외에서 각종 생물 관찰에 더 많은 시간을 보내고 또한 밤을 새워 글을 쓸 수 있었을지도 몰라.

카슨은 미국 연방 어업국의 공무원으로 일하다가 저술에

전념하기 위해서 40대 중반의 나이에 일을 그만두었어. 그녀가 1940년대부터 집필했던 『바닷바람을 맞으며』, 『우리를 둘러싼 바다』, 『바다의 가장자리』 등은 이미 수많은 독자의 사랑은 물론 학계의 인정을 받았단다. 가만히 있어도 이미 저명한 과학 저술가였을 터인데 그 책이 발간되면 과학계, 산업계는 물론 정부 일각으로부터도 무수한 질타와 공격을 받을 줄 뻔히 알면서도 『침묵의 봄』을 세상에 내놓았지.

그분의 전 생애를 살펴보면 그런 투사 과학자의 모습만이 아닌, 진실로 강인하면서도 매사에 사려 깊은 성숙한 한 여성의 모습에 다가서게 된단다. 카슨은 1950년, 40대 초반의 나이에 유방암 진단을 받고 그 때문에 1964년 58세로 생을 마쳐. 병마에 시달리는 몸으로 오랜 시간 『침묵의 봄』 저술에 매달렸던 그분의 모습을 생각하면 지금도 저절로 머리가 숙여져. 그녀는 독립적인 과학자로서 자신의 인생을 스스로 개척했던 강인한 여성이었고, 마지막으로 오랜 기간 암에 시달리면서도 불굴의 의지로 그처럼 위대한 저작을 완성할 수 있었지.

저도 어서 읽어볼게요, 할아버지.

고맙구나. 나도 네가 이 책을 빨리 읽어보았으면 좋겠어. 하지만 리아야, 내가 카슨을 존경하는 것만큼 이 책의 한계도 역시 너에게 들려주고 싶어.『침묵의 봄』이 세상에 널리 알려지며 전 세계적으로 DDT 사용 금지가 급격히 확산되었잖니? 그런데 이 때문에 다시 세계에서는 말라리아 환자 발생이 급격히 증가하게 되어버렸어. 말라리아의 매개체인 모기를 효과적으로 없앨 방법이 사라져버린 셈이니까.

제2차 세계대전이 발발하기 직전에 미국 전역에서는 매년 1백만 명에서 6백만 명에 이르는 젊은이들이 말라리아에 걸렸단다. 하지만 DDT 사용으로 1952년 환자 발생 수는 겨우 2명에 그쳤어. 정말 극적인 감소였지. 다른 나라들은 이내 이런 미국의 성공에 주목해서 DDT 사용을 신속하게 실행에 옮겼고, 유럽에서 말라리아는 1950년대 중반까지 사실상 근절되었단다. 그래서 유엔 세계보건기구(WHO)까지 나서서 말라리아 근절을 위한 DDT 사용을 촉구하는 세계적인 캠페인을 벌이기도 했어. 아프리카 대다수 개발도상국에서 진행된 이런 노력은 곧 라틴아메리카와 아시아의 수많은 국가에까지 전파되어 말라리아 발병률이 99% 또는 그 이상까지 감소되었고. 아프리카에서는 마침내 오랜 재앙이 곧 끝날 것이라는 희망이 보였어.

하지만 DDT 사용을 막자 이제 그런 고무적인 추세가 정반대의 방향으로 흐르게 돼. 그래서 1990년대에 이르러서는 다시 DDT 사용에 대한 논의가 국제적으로 본격화되기 시작해. 전 세계적으로 매년 수백만 명의 목숨을 앗아가는 모기를 없애기 위해서였지. 이어서 2006년 9월에는 세계보건기구까지 나서서 말라리아가 여전히 심각한 아프리카 국가들에서의 DDT 실내 사용을 지지한다고 선언했어. 살충제 사용에서 얻는 혜택이 건강과 환경에 대한 위험보다 크다고 보았던 것이지.

정말 어려운 문제네요. 레이첼 카슨도 한계가 있었다는 말씀이시지요?

응. 세상의 모든 사람은 한계를 가지고 있단다. 카슨의 책은, 자기가 사는 미국의 생태계를 살려야겠다는 일념으로 쓰인 책이지. 그녀는 미국인이었으니깐. 그런데 그와 동시에, 지구의 반대편에선 말라리아의 창궐 때문에 죽어가는 사람이 몇백만 명이 나오는 상황이었던 거야. 나는 카슨과 『침묵의 봄』을 여전히 사랑하지만, 저마다의 환경에 따라 문제를 바라보는 관점이 참 많이 달라진다는 걸 느낄 수밖에 없었어. 갑작스럽게 진행된 DDT 사용 금지 조치는 아프리카를 비롯한 많은 제3세계 국가들에서 심각한 말라리아 발병을 불러왔고, 그로 인해서 지난 반세기 동안 적어도 수백만 명, 어쩌면 수천만 명의 목숨이 희생되기도 했으니까.

지금까지 DDT 이야기를 했는데, 이 DDT는 우리와도 무관하지 않단다. 1950년에 발발했던 한국전쟁을 경험했던 사람들은 당시 군대에서, 학교에서, 거리에서 온몸에 하얗게 뒤집어쓰곤 했던 흰색 가루를 기억할 거야. 그 가루의 정체가 바로 DDT였거든. 제2차 세계대전 중에는 열악한 위생 환경 속에서 생활해야만 했던 대다수 군인과 민간인들이 모기나 빈대, 이 등에 의해서 옮겨지는 말라리아, 티푸스 등의 전염병에 대단히 취약했는데, DDT는 그런 해충들을 박멸하는 데 혁혁한 기여를 하기도 했거든. 우리 국민이 거리에서 DDT라는 위험 물질을 온몸에 뒤집어쓰는 시절이었다니, 지금과는 너무 달라서 참 격세지감을 느낄 수 있지 않니?

그래도 『침묵의 봄』에서 지적했던 경고에 힘입어서 유기성 화학물질, 특히 합성농약류에 대한 사용 규제가 엄격히 시행된 건 분명해. 그 결과 지구 생태계와 그 속에 거주하는 우리 인류를 비롯한 모든 생명이 한결 안전한 세상에서 살 수 있게 되었다는 것은 누구도 부인할 수 없는 사실이야. 그녀가 후세에 남긴 혁혁한 가치를 부정하는 사람은 없어. 카슨은 우리가 이 지구 환경과 생태계를 바라보는 인간의 관점을 근본적으로 바꿔놓았단다.

지금은 좀 어때요, 할아버지?

현재의 우리는 이제 농약에 대한 걱정을 거의 하지 않고 있어.

농약 사용량은 수십 배나 더 증가했는데, 다행히도『침묵의 봄』에서 그려진 암담한 미래상은 현실이 되지 않았어. 강한 독성을 지녀서 각종 해충과 농작물 구제에는 그 역할을 톡톡히 했지만 자연적 분해가 극히 어려웠던 유기합성계 살충제, 살균제, 제초제는 자연분해율이 높은 친환경성, 저독성 농약으로 대체되었어. 요즘 사용되는 농약은 1960년대 농약들에 비교하면 그 독성이 수백분의 1 정도로 낮아졌고. 밭에 농약을 뿌린 후 며칠만 지나면 잔류 농도를 우려하지 않아도 될 정도로 분해도 잘 된단다. 그래서 이제 우리는 더 이상 농약 중독이라는 말을 언론에서 접하진 않을 수 있지. 반세기 전보다 농약 사용이 수십 배나 늘어난 지금, 우리가『침묵의 봄』과 같은 상황을 겪지 않아도 되었던 것은 바로 이 때문이야.

그래도 그런 면에서 세계는 많은 발전을 이루었네요!

맞아.『침묵의 봄』의 공은 또 있어. 이 책이 사회적으로 엄청난 반향을 일으키면서 환경오염 문제가 정부가 가장 시급히 해결해야만 하는 당면 과제로 부각되었거든. 1960년대 남은 기간 동안 미국 정부가 환경 관련 예산을 대폭 증액하면서 갑자기 환경문제 해결을 위한 연구와 개발이 과학계에서 크게 유행하기 시작했어. 전 세계적으로도 환경오염 개선을 위한 각종 대책에 국가가 적극적으로 나서서 예산을 아끼지 않게 되었고, 과학자들이 문제 해결을 위해서 연구에 매진해 신기술을 개발했지. 또 환경단체들이 환경의 중요성을 시민들에게 열심히 일깨웠어. 월드워치, 그린피스, 그리고 우리나라 환경운동연합 등등 환경을 보호하기 위한 여러 시민단체가 탄생한 것도 『침묵의 봄』출간이 중요한 계기가 되었지.

그리고 드디어 1970년, 세계 역사상 처음으로 환경문제만을 전담하는 국가 부서로 미국 정부는 환경보호국(EPA)을 설립해. 이후 세계의 주요 선진국들 역시 비슷한 정부 부처를 잇달아 설립하게 되고. 리아야, 지금 우리나라에도 환경부가 있지? 이 부처가 언제 생겼는지 알고 있니? 환경부의 전신인 환경청이 처음 문을 연 것은 1980년이란다. 바로 네 엄마와 아빠가 태어났던 해야. 당시 개발도상국으로서는 아주 드물게 일찌감치 환경 전담 부서가 만들어졌고, 그렇게 일찍부터 정부가 발 벗고 나섰기에 현재 우리가 쾌적한 환경을 누릴 수 있게 되었다고 말해도 좋겠지.

우리나라도 빠르게 환경문제에 관심을 기울여서 다행이에요.

맞아. 우리도 그런 면에서는 일찍 대처를 시작했고, 수십 년간

째 성공적으로 이 문제를 풀어왔어. 결국 자연환경을 성공적으로 지키기 위해선 전 세계적인 공조도 중요하지만, 하나의 단일국가에서 그 문제를 체계적으로 대처해 나가는 것도 그만큼 중요해. 그리고 대한민국은 20세기 중반에는 세계의 최빈국이었다가 2020년대에는 명실상부 세계의 선진국으로 급속히 부상한 나라야. 나는 우리나라가 인류를 위해서, 특히 개발도상국 주민들을 위해서 굉장히 큰 기여를 할 수 있다고 봐. 우리는 저개발국이 처한 위치와 선진국이 처한 위치 양측을 모두 겪어보았고, 우리의 역량으로 우리가 처한 환경문제를 해결해 왔으니까. 나는 대한민국이 이 위기를 극복할 수 있는 현명한 대응책을 낼 수 있다고 생각해.

무조건 가난한 나라의 사람들을 돕자는 게 아니야. 우리가 개발도상국들에 우리 경험을 나눔으로써 이들의 인심을 얻고, 상부상조도 하고, 우리 기업들도 진출해서 미래에도 같이 살아나가자는 것이지. 물론 우리 기업들도 그 나라 사람들에게 물건을 팔아 이익을 내야겠지. 동시에 단순히 이익 창출에만 골몰하지 않고, 우리나라의 국가적인 경험을 그 나라들에 진정성 있게 제공한다면 양편의 관계가 좋아질 수밖에 없지 않을까? 그런 협력은 우리나라에도 국제외교적·지정학적으로 훨씬 더 장기적인 이익으로 돌아올 수 있지 않을까? 선진국이 과거에 저질렀던 실수를 반복하지 않고 우리가 그 나라를 훨씬 효과적으로 도우면 우리와 그네는 훨씬 협력적인 관계가 될 수 있지 않을까 싶어.

정말 그렇게 될 수 있으면 좋겠어요.

한국국제협력단(코이카, KOICA)은 우리나라가 개발도상국의 빈곤을 해결하고 그들의 삶의 질이 향상될 수 있도록 국가적 차원에서 돕기 위해 1991년 설립된 정부 기구야. 우리 국민의 세금으로 개발도상국을 돕는 차원이라고 할 수 있는데, 지금도 여기서 운영하는 개발도상국 지원 프로그램이 계속 늘어나고 있어. 동남아시아와 중앙아시아, 아프리카와 중남미의 많은 국가에서 대한민국의 여러 행정 실무와 최신 과학기술을 배우기 위해 여러 공무원과 전문가들을 파견하고 있지. 내가 현역으로 활동할 때 나도 종종 그 개발도상국 교육 프로그램에 초빙을 받았단다. 과거에는 우리나라 공무원들이 선진국의 그런 프로그램에 다녀왔는데, 수십 년이 흐른 뒤엔 우리가 개발도상국의 공무원을 교육하는 위치가 된 거야. 난 거기에서 환경공무원들에게 수질오염과 대기오염, 환경정책과 산업발전정책 등 관련 교육을 했었는데, 나는 수업할 때 이 이야기를 가장 강조했어. 지금 당신들 국가가 제일 먼저 해야 할 건 산에 나무부터 심는 일이라고. 어서 빨리 돌아가 국가적으로 나무를 심는 마스터플

랜부터 짜라고. 그런 이야기를 해주면 그분들이 입을 떡 벌리
곤 했지.

나무 심는 일을 강조하셨다고요? 그 일이 왜 그렇게까
지 중요할까요?

나무는 자라는 데 시간이 걸리니까. 그리고 나무를 심는 것은
결국 시간을 믿는 일이기 때문에 그래. 그리고 자연환경을 관
리하겠다는 한 사회의 의지를 가장 선명하고 압축적으로 보여
주는 정책이기도 하고 말이야. 우리나라도 마찬가지였어. 지금
네가 접할 수 있는 산의 울창한 나무들, 10~20미터 높이의 큰
나무들은 거의 다 1960년대부터 심어진 것들이야. 우리나라의
임목축적량은 지난 반세기 동안 무려 40배가 넘게 증가했단다.
정말 상전벽해의 수준으로 울창해졌지. 놀랍지 않니, 리아야?
　　언제 시간이 되면 지금 인터넷에서 1950년대 이전의 과거
흑백사진이나 영상을 찾아보겠니? 일제 강점기에 발표된 김동
인의 『붉은 산』이라는 작품도 있는데, 이 소설의 제목처럼 그
때 우리나라의 자연을 상징했던 건 붉은 민둥산이었어. 사람들
이 워낙 찢어지게 가난해서 추운 겨울에 난방을 해야 하니, 산
에 있는 나무란 나무는 다 베어냈지. 일제가 우리 나무를 마구
수탈해 간 데다가 인구도 점점 늘어나서 나무는 점점 부족해졌

고, 그래서 태풍이 오거나 장마가 심하면 토사가 쓸려 내려가서 산사태도 자주 일어났어.

저는 우리나라의 산림이 과거에 훨씬 더 울창할 줄 알았는데 정반대였네요, 할아버지!

그게 어른들도 많이 갖고 있는 오해야. 우리는 1960년대와 1970년대 경제 발전에 박차를 가하는 동시에 산림녹화 사업을 대대적으로 전개했고, 고속 성장을 거듭하는 국토의 자연환경을 지키기 위해서 그린벨트 정책을 펼쳤지. 물론 당시는 우리 사회의 민주주의를 짓밟은 군부독재 정권이었지만 이 공로는 인정하지 않을 수 없어. 그런 정책들 덕분에 우리가 지금 이런 쾌적한 환경을 누릴 수 있게 된 것이거든. 산림의 역할은 정말 중요해. 일차적으로 생존의 필수적인 조건인 산소를 방출할 뿐만 아니라 각종 대기오염 물질을 걸러주고, 공중에 떠도는 먼지를 흡수하며 소음도 막아주지. 또 지하수와 지표수를 맑게 유지하고 빗물을 저장해서 홍수의 위협으로부터 인간을 지켜주는 역할도 담당하고. 최근에 미국의 대통령이 극한의 폭염에 맞서기 위해서 자국에 나무를 대대적으로 심겠다는 발표를 한 것처럼, 나무가 해줄 수 있는 일은 무궁무진하단다.

전 인류가 지구의 위치에 대처하는 것도 중요하지만, 각자의 위치에서 시간을 두고 해나가는 일도 중요하다는 말씀이시네요.

맞아. 국제적인 기후협약 같은 것도 물론 중요해. 그런 게 있어야 사람들이 조금이라도 에너지도 절약하고, 이산화탄소도 덜 내보내고 할 것 아니겠니? 그렇지만 나는 이러한 협약이나 규제 같은 것이 아니라 우리 개개인의 실천과 변화가 더 중요하다고 믿어. 사람들이 자신의 주위 환경을 아끼고, 낭비하지 않으면서 소박하게 살아가는 일이 이 지구의 미래를 바꿔줄 거라 생각하는 거지. 그런 사람들이 모인다면 네가 앞으로 살아갈 세상은 지금과는 많이 달라질 거야. 물론 세계는 DDT와 『침묵의 봄』 그리고 말라리아의 역설처럼 앞으로도 다양한 고민에 맞닥뜨릴 수밖에 없겠지. 그래도 나는 너와 네가 언젠가 낳을지도 모르는 아이들이 앞으로도 오랫동안 봄의 소리를 들을 수 있을 거라고 믿어. 봄은 침묵하지 않을 거야. 물론 그러기 위해선 우리가 달라져야 한다는 것도 분명하고. 이제부터는 너에게 그런 이야기를 들려주고 싶어.

왜 인간이 서로를 아끼면
지구가 살아나는가

2

할아버지의 말씀을 듣고 나니 제 주위의 초록빛 나무들이 좀 더 고마워졌어요.

맞아. 지금도 나는 집 뒤편의 숲길을 걸을 때면 종종 그런 고마움을 느끼고는 해. 우리가 국가적인 경제 발전을 이룩해서 살만해진 이후 이런 좋은 환경을 누릴 수 있는 건 굉장히 다행스러운 일이지. 내가 개발도상국의 공무원들을 만날 때마다 나무 심는 일을 소홀히 하지 말라고 조언했던 건 진심이었단다. 내게 나무는 한 국가 공동체의 내일을 다짐하는 가장 뚜렷한 상징이었거든. 또 오랜 시간에 걸쳐 자라나고 함께 모여 울창한 숲을 이루는 나무처럼, 구성원들이 모두 서로를 보듬고 도와주는 세상이야말로 모든 나라가 달성해야 할 목표가 되어야 한다는 생각은 지금도 변함이 없단다.

그렇게 서로를 돕는 사회에서는 환경을 더 잘 지킬 수
있을까요?

나는 그렇게 생각해. 인간이 인간을 서로 어떻게 대하는지와,
인간이 자연과 상호 관계를 맺는 방식은 밀접하게 연결되어 있
어. 그걸 우리는 생태학적인 사고방식이라고 말한단다. 인간과
자연의 모든 생명이 서로 동떨어져 존재하는 게 아니라는 생각
이지.

내가 평생을 공부했던 학문으로서의 생태학은 자연에 서
식하는 모든 동식물이 서로 어떤 관련성을 가지고 생활하고 있
는지를 연구하는 학문이야. 비단 생물들과의 관계뿐만 아니라
주위의 무생물적인 여러 환경 요소들, 예를 들어 토양, 물, 대기
등과 어떻게 영향을 주고받으며 그런 상호작용을 하는지를 연
구해. 이런 자연의 생물 및 무생물적 요소들에 우리 인간이란
존재까지 더하면, 그것이 바로 환경학의 연구 범위가 되는 거
야. 말하자면, 환경학은 그 뿌리를 생태학에 두고 있다고 해도
좋아. 나는 인간이 어떻게, 얼마만큼이나 자연 생태계를 비롯
한 주위 환경에 영향을 미치고 또 그 영향을 되돌려받고 있는
지 그 상호 관계를 밝히고 싶었지.

그런데 현실에서 벌어지는 환경오염의 인과관계는 보통 아주 복잡하기 마련이란다. 그런 연구는 오랜 기간에 걸쳐서 많은 전문 인력과 적지 않은 물적 자원을 동원해야만 하는 것이 보통이야. 한마디로 말해서, 돈이 참 많이 들어.

그래서 다른 어느 학문 분야보다도 환경학에선 국가의 역할이 중요할 수밖에 없어. 장기적인 관점에서 인간과 자연의 조화와 상생을 꾀하며, 더 나아가선 이를 통해 더욱 건강하고 풍요로운 인간 공동체를 구상해야 하니까 말이야. 이런 사안에 대해선 넓은 시야에서 사물을 관찰하고 종합할 수 있는 능력과 자질을 겸비한 과학자, 연구자의 존재도 중요하겠지만, 우리와 같은 민주주의 국가에서는 너와 나 같은 국민 한 사람 한 사람의 손에 의해 국가정책이 결정되니 국민의 역량도 그만큼 중요한 건 분명해.

사람들의 합의가 필요하니까요.

맞아. 우리는 이제 과거처럼 국가 지도자 한 사람의 재량으로 큼직한 국가정책을 결정하지는 못하는 시대에 살고 있지. 지금은 우리 시민들이 서로의 의견을 경청하고 조율하면서 사회적 합의를 통해 나라를 운영해야 하는 시대가 되었어. 그런데 나는 네게 이런 말도 들려주고 싶어. 사람들의 합의가 중요해진

만큼 여전히 우리는 국가의 부(富)가 중요하다는 것도 명심해야 해. 한 나라가 가난해지면 자연스레 국민의 마음이 각박해지고, 그러면 합리적으로 해결될 수 있던 사안들도 해결이 요원해져 버려.

곳간에서 인심 난다는 속담을 알고 있지, 리아야? 조금 씁쓸하지만 나는 그 속담이 정확하다고 생각한단다. 일흔 해 가까이 살아보고 우리 사회의 뒤안길을 바라보니 그런 생각이 많이 들어. 없는 사람이 자신이 가진 것을 나누는 일은, 불가능하진 않겠지만, 현실적으로는 너무나도 힘든 일이야. 있는 사람, 가진 사람이 비로소 자기가 가진 걸 나눌 수 있는 거야. 가진 사람이 좀 더 멀리까지 바라보고 고민할 수 있는 거고. 나는 환경학과 생태학을 연구했지만 개발과 발전의 가치를 중요하게 생각하고, 평생을 개발과 환경의 균형을 잡기 위해서 노력해 왔어. 그리고 지금 가난한 나라들의 시민들도 그걸 알아야 한다고 생각해.

그래도 개발이 될 때는 아무래도 환경이 파괴될 수밖에 없겠지요?

우리를 포함해 세계의 주요 선진국들이 경제개발을 하는 도중에는 환경문제가 정말 심각했지. 이건 여느 나라도 다를 바가 없었어. 앞에서 얘기한 카슨 당시의 미국도 그랬고, 공업화와 산업화에 따른 환경오염은 사람들의 건강을 정말 심각하게 위협했단다.

여기서 20세기 환경의 역사에서 중요한 몇 가지 사건을 네게도 들려줄게. 1930년 12월, 네 증조할아버지가 태어난 바로 그때, 유럽의 가장 큰 공업지대의 하나였던 벨기에 뮤즈 계곡에 있는 금속, 유리, 아연, 제철 공장 등에서 아황산가스, 황산미스트, 불소화합물 등이 대량 배출되었어. 이 사고로 한꺼번에 60여 명의 사망자가 발생하고 수천 명이 병원에 실려 갔지. 당시에는 공중을 날던 새가 갑자기 땅으로 뚝 떨어지곤 하는 일이 자주 발생할 정도로 대기오염이 심각했다고 해. 1948년에는 미국 펜실베이니아주의 중화학공업 도시 도노라에서 비슷한 대기오염 사고가 발생했어. 이 때문에 일시에 18명이 사망하고 수천 명이 가래, 호흡곤란, 흉부 협착감 등의 고통을 호소했고, 이 지역에선 그 후 수십 년 동안 공장에서 일하던 사람들이 죽는 사례가 속출하기도 했지.

그리고 1952년 12월, 그 유명한 런던 스모그 사건이 발생했어. 당시 런던 시민들은 석탄을 난방 연료로 사용했는데, 여기에서 배출된 아황산가스와 분진 등이 런던의 안개와 합쳐져서 짙은 스모그를 형성했거든. 그래서 불과 며칠 만에 무려 3,000여 명의 사망자가 발생했고, 1956년 1월에도 이와 유사한 사건으로 1,000여 명이 다시 사망했어. 바로 내가 태어난 그즈음의 일이야.

정말 무서웠을 것 같아요.

우리나라도 마찬가지였어. 내가 대학에 들어갔던 1970년대에 우리나라는 본격적으로 중화학공업이 육성되어 경제개발이 박차를 가하던 때지. 내가 대학원을 졸업한 뒤 한국과학기술연구소(KIST) 환경공학실에서 처음 연구원으로 일할 때, 울산과 남해 두 곳에선 세계적으로 커다란 공업단지가 만들어졌어. 우리나라를 대표하는 중화학 공업단지였지. 나는 몇 년 동안 이 공업단지들의 대기오염 실태를 파악하고 대책을 수립하는 일, 여러 하천의 수질오염 개선 대책을 수립하는 일에 전념했어. 현장에도 정말 많이 다니며 환경영향평가를 실시하고, 정부와 공장 관계자들 그리고 주민들과 많은 대화를 나누었어.

지금 생각하면 숨 막히는 풍경이긴 했지. 한쪽에선 논밭을 갈아엎고 커다란 공업단지 건설에 열중하는 동안, 다른 한편의 공장에선 100미터가 넘는 굴뚝으로 시커먼 연기를 내뿜으며 생산을 시작했어. 그 시커먼 연기가 뿜어져 나오는 게 조국 근대화의 상징이었고 공업화의 상징이었단다. 지금 생각하면 엄청난 환경오염이라고 할 수 있는데, 그 당시 우리나라는 그저 선진국이란 마땅히 그래야 한다고 동경했을 뿐이었지. 무조건 밀고 나가는 게 우리가 살길이라고 하면서 속도를 냈어. 대기 오염 때문에 주위 논밭에서 농작물이 말라 죽고, 연기에 섞여 나온 검댕 때문에 지붕이 새카매져 버리고 그랬어. 흰옷을 입고 나가거나 농가에서 할머니들이 빨래해서 옷을 넣어놓으면 반나절도 안 되어서 시커멓게 변해버렸지.

그런 문제를 피할 순 없었을까요?

안타깝게도 쉽지는 않았을 것 같아. 물론 지금으로서는 상상하기도 힘든 장면이지만 말이야. 그때는 주민들도 아직 집단적으로 자기 목소리를 낼 수 있는 환경이 되지 못했어. 그래도 조금씩이나마 환경운동의 역사가 진전을 이루기도 했지. 1965년 부산 감천화력발전소에서 처음으로 인근 주민들의 집단민원신청이 있었고, 이어서 1971년 울산화력발전소에서 발생한 대기오염 피해에 대해 역사상 최초로 법원의 배상 판결이 내려지기도 했단다. 이후 1980년대와 1990년대에는 화력발전소의 규모가 커지고 한 장소에 한꺼번에 몇 개씩 들어서기도 했지. 그래서 유연탄 사용량이 급격히 늘어나 보령, 삼천포, 하동, 서산, 강릉 화력발전소 등에서 대기오염 피해 발생이 속출했어. 그에 따라 지역 주민들의 집단적인 시위와 민원도 끊이지 않았단다. 이런 피해 소식이 점차 알려지며 화력발전소 신규 건설 부지가 공고되면 이내 주민들의 발전소 건설 반대 운동이 뒤를 잇는 일도 반복되었고, 그건 지금도 마찬가지야.

그럼 사람들의 의견을 수렴하면서 좀 더 천천히 개발을 진행하는 일은 불가능했을까요?

정말 지혜로운 말이구나, 리아야. 네 생각이 옳아. 지금 우리나라가 바로 그런 단계에 들어서 있지. 이제는 어느 정도 개발을 달성했으니까 사람들의 피해를 최소화하면서 과거와는 다른 방식으로 산업을 이끌어가야 하는 시대야. 동시에 우리는 공학의 힘, 과학의 힘을 계속 신뢰해야 한다는 것 또한 분명해. 우리가 개발 국면에서 성취한 과학과 기술의 발전을 통해서, 과거와는 다른 방식으로 자연환경과 우리 생태계를 더욱 쾌적하고 미래지향적으로 관리할 수 있다는 것도 네게 말해주고 싶어.

나는 잘사는 나라의 학자나 인기인이 지구의 어느 오지 마을에 가서 '가난하지만 따뜻하고 인간적인 공동체'를 예찬하는 걸 미디어에서 접할 때마다 정말 우려스럽고 못마땅해. 그렇게 현대문명의 결실이 미치지 못한 극빈한 사회는 잠시 머무를 땐 무척 긍정적으로 느껴질 수도 있지. 그렇지만 그런 곳도 세월이 흐르면서 점차 개발의 물결을 타게 되고, 그러면 심각한 환경오염에 시달리는 것이 보통이야. 더 일찍 그리고 현명하게 세계의 과학적 성취를 받아들이지 않은 대가를 치르는 경우도 많고, 바깥 사람들이 좋게 보는 만큼이나 그 안에서는 후진적인 여러 문제가 곪아 있게 마련이지.

가난을 극복하면서도 환경을 지킨다는 건 참 어려운 일인가 봐요.

물론 한 나라가 찢어지게 가난할 때는 자연이 깨끗하다고도 할 수 있고, 그런 시절에 대한 향수도 남아 있는 게 사실이야. 내가 초등학교에 들어갈 즈음 작은 도시의 시내 한가운데를 흐르던 하천이 여름 장마에 넘실거리던 풍경이 생각나는구나. 파랗고 세찬 그 물을 바라보는 게 어린 나이에 어찌나 좋았던지…. 내가 어렸을 때는 전국의 도심 내 하천이 모두 참 깨끗했어. 공업단지가 모여 있는 동네 인근의 청계천, 안양천 등등 몇몇 하천은 그때도 문제가 심각했지만, 나머지 우리나라 하천 대부분은 모래 밑에 미꾸라지가 살 정도로 맑고 투명했지.
　그런데 개발의 시대에 접어들면서 그 물이 점점 더 혼탁해졌어. 도시의 하천은 주로 생활하수로, 공단 근방의 하천은 공장 오·폐수로, 그리고 농촌의 하천에선 비료 사용과 가축 폐기물로 말이야. 그때는 한강이 지금은 상상하기도 힘들 만큼 더

러웠거든. 우리나라 수도 서울에서 본격적으로 오·폐수를 걸러내서 한강으로 흘려 보내는 하수처리장 건설에 착수했던 게 언제인지 아니? 1960년대 후반이었단다. 그리고 1976년 청계천 하수처리장과 1980년 중랑천 하수처리장 건설을 시작으로 비로소 사회가 한강의 수질 개선에 나서게 되지. 그러니깐 우리가 환경에 관심을 기울인 역사가 그렇게 짧다고 볼 수 있는 거야.

생각보다 훨씬 더 짧아서, 깜짝 놀랐어요!

나는 환경학 강연 자리에서 대중들과 만날 때마다 사람들에게 묻곤 했어. "여러분, 우리나라 수도 서울에서 환경오염 문제가 제일 심각한 게 언제였을까요?" 그럼 대부분 "지금이 제일 심각하죠."라고 답을 한단다. 그건 틀린 말이야. 나는 사람들에게 "아니에요. 서울은 1980년대 후반부터 1990년대 초반에 환경문제가 제일 심각했답니다."라고 답을 하곤 했어. 대기오염의 변화 추이나 한강의 수질에 대한 통계를 살펴보면 그건 명백한 사실이란다.

우리나라 환경의 질은 1990년대 초반까지 악화 일로를 걸었지만 이후 전 세계가 놀랄 정도로 빠르게 개선되었고, 현재도 개선되고 있어. 우리나라든 세계의 어느 나라든, 경제가 발전하면 환경문제가 상당 부분 해결되는 추세가 뚜렷하단다. 선진국들에서는 대략 1980년대부터 더 이상 전통적인 의미의 환경오염 문제가 큰 이슈가 아니게 돼. 2000년대 이후의 대한민국도 마찬가지야. 아직도 우리가 해결해야 할 대기오염과 수질오염, 토양오염, 화학물질 오염 등의 문제들이 남아 있긴 해도, 요즘 우리나라 환경의 질은 거의 선진국 수준에 육박한다고 봐도 좋아.

그럼 우리 사회가 이렇게 먹고살 만해지고 꽤 부강해졌으니 과거와는 분명 달라진 것이 아닐까요? 지금은 어떤 게 문제라고 생각하세요?

사람의 마음이 그렇게 쉽게 변하는 건 아닌가 봐. 개발과 산업화에 따른 환경오염 문제는 대부분 해결되었지만, 우리에겐 또다른 위기들도 산적해 있어. 기후와 지구온난화의 문제는 전지구적인 의제로 떠올라 우리나라를 포함한 세계의 모든 나라가 대비를 서두르고 있지 않니? 이제 우리가 사는 세계는 과거와는 전혀 다른 세계가 되었고, 그래서 과거와는 다르게 살아야 이 지구와 더불어 살 수 있다는 것을 알 때도 되었는데 사람들의 마음은 그대로인 걸 느낄 때가 있어. 그럴 때 난 너무도 안타까울 뿐이야. 너도나도 과시하고 낭비하는 풍조, 유행에 편승해서 우르르 몰려다니는 사람들, 서로를 믿지 못하고 남의 말을 듣지 않은 채 자기주장만 밀어붙이는 사람들. 그리고 나중에도 이야기해 주겠지만 가습기 살균제 사태처럼 가장 중요한 환경문제를 외면한 채 무능하게 움직이는 정부 부처와 국가기관 등등….

역시 시간이 필요한 문제겠지? 가난이라는 건 참 무서운 것이고, 가난에 시달리는 사람과 사회는 여유롭게 다른 사람의 말을 경청하는 법을 잘 알지 못해. 우리나라는 그동안 너무 오랫동안 가난에 시달렸어. 조선 시대 500년과 구한말, 해방, 한국전쟁에 이르기까지, 생존을 위해 다른 사람을 짓밟고 일어서야 한다는 게 우리 몸속에 체화되어 있다고 해도 좋을 만큼 긴 세월이었기에 그만큼 골이 깊은 거야. 지금 2020년대에도 우리나라 사람들의 DNA에 녹아 있을 만큼 과거의 습관과 관행이 우리 모두를 포위하고 있다는 거지.

본질적인 문제는 이거야. 가난에서 한꺼번에 탈출하려고 하면 경쟁의식과 경쟁심리가 팽배할 수밖에 없단다. 특히 가장 뼈아픈 건 교육이야. 남들과 평화롭게 살기 위한 교육이 아니라, 남을 짓밟고 이기기 위한 교육이 지금까지도 우리 사회를 지배하고 있어. 가장 즐겁고 빛나는 10대를 보내야 할 시절에 우리 아이들이 여전히 고통받고 있고, 남보다 더 많은 것을 가지고 더 누리려는 마음을 체득하고 있어. 우리나라가 선진국이 되면서 우리 주위의 일차적인 환경문제는 어느 정도 해결했는데, 이런 사람들의 집단 무의식은 우리를 아직도 사로잡고 있는 것 같아.

남을 이기기 위한 문화가 문제라고 보시는 것인가요?

맞아. 나도 그렇고, 대한민국에 사는 우리 모두가 거기에서 자유롭지 못하지. 내가 오래전 미국에 갔을 때가 떠오르는구나, 리아야. 나는 1979년 카이스트 대학원을 졸업하고, KIST 환경공학실에서 3년여를 근무한 뒤 1982년 미국의 미시간대학으로 유학을 떠났거든. 그때는 나를 포함해 많은 청년이 정말 열심히 공부했어. 카이스트의 내 동기생들 모두 빨리 귀국해서 우리나라의 문제를 해결해야겠다는 마음가짐으로 독하게 공부했지. 우리 학교도 외국인 유학생이 많았고, 공대는 특히 그랬어. 다른 한국의 유학생들처럼 우리 부부는 가진 돈이 별로 없었단다. 아내는 다른 집 아이를 봐주는 일을 하고, 나는 학교에서 조교 봉급을 받아 어렵게 살았지.

그런데 어느 날인가, 우리 학과의 교수님들이 토요일 오후에 축구를 같이 하자고 날 부르는 거야. 운동장에 나가 보니 정말 다양한 사람들이 있더구나. 나이가 일흔이 넘어 머리가 허연 교수부터, 그의 초등학생 손자나 중학생 손녀, 여러 나라에서 온 다양한 인종의 젊은 조교들과 대학원생들이 다 모여서 함께 축구를 하고 있었지. 그렇게 그이들과 같이 땀을 흘리다 보니, 내가 하는 축구와 그들이 하는 축구가 완전히 다르더라고. 축구를 할 때, 상대방에게 공이 가면 우리는 무슨 수를 쓰더라도 그 공을 뺏으려고 하잖아. 다들 그게 축구라고 생각하지. 그런데 내가 거기에서 상대방의 공을 뺏으려고 하니까, 내 앞의 사람이 웃으면서 서버리는 거야. 몇 번을 그렇게 반복하다 보니 딱 느껴지는 거야. 아, 이건 즐기기 위한 스포츠지, 이기기 위한 스포츠가 아니구나…. 그걸 내가 몰랐구나!

이기지 않는 스포츠라니…. 신기하네요, 할아버지.

맞아. 지금은 어떤지 모르겠지만, 우리는 중·고등학교에 다니면서 내내 이기기 위한 스포츠만 했었어. 반 대항 축구 시합에는 잘하는 애들만 뽑혀서 운동장을 뛰고, 같은 반에서 양 팀으로 나눠서 할 때면 어쨌든 우리가 골을 많이 넣어야 하니까 다들 악착같이 뛰었지. 근데 미국의 그 동네는 축구가 그런 게 아니더라고. 거기서는 젊은이와 늙은이, 남자와 여자 다 섞여서 하는데, 그건 공을 두고 함께 즐기기 위해 하는 것이었어. 바로 그때 내가 느꼈던 충격이 지금도 생생해. 아, 내가 한국에서 배우지 못한 것을 여기서 배우는구나. 다른 이들과 잘 소통하면서 조화롭게 지내는 일이 그렇게도 중요하구나. 정말 가슴에 절실히 깨달았어.

그 운동장 사건 이후 나도 조화롭고 좀 더 평화롭게 내 공부를 해나가야겠다고 생각했어. 그러니 내 마음도 편해지고, 같은 클래스 학생들과의 관계도 더 좋아지고, 교수들과도 친해지고…. 그런 좋은 감정을 3년여 동안 만끽하면서 대학원에 다녔어. 그러다 보니 자연스레 학위 논문도 빨리 쓰게 되고, 좋은 분들에게 쉽게 인정도 받고 그랬지. 나도 한국에선 경쟁의식이 정말 심한 사람이었거든. 미국에서 그걸 내려놓을 수 있었고, 언젠가 우리나라도 조금은 잘살게 되면 꼭 이런 사회 분위기를 만들어야겠다고 생각했어. '여유가 생기면, 조금은 다르게 살아야 하는 게 맞는구나'라는 걸 그때 생각했지.

여전히 우리들의 마음은 과거에 머물러 있다는 것인가요?

맞아. 조금씩 바뀌어가고 있지만, 그래도 여전히 우리 마음은 너그럽지 못하고 아주 강퍅해. 그리고 그것이 내가 바라본 우리나라의 가장 중요한 문제야. 남보다 더 높은 곳에 올라가기를 원하고, 많은 돈을 벌어서 윤택하게 살길 바라는데 그 성공의 기준이 너무나도 천편일률적이야. 그리고 그건 우리나라의 환경과도 어울리지 않아.

내가 연구원으로 유럽에 출장을 가 있을 때, 마침 우리나라 대기업의 임원이던 분이 공부하러 오시면서 자신의 딸내미를 데리고 왔거든. 너보다 몇 살 어렸을 거야. 초등학교 3학년인가, 4학년이었던 아이였지. 그 임원분이 내게 들려준 말이 기억나는구나. 걔가 지금 자신이 있는 학교에서 충격을 받았더래. 여기 학교에서는 선생님이 남하고 잘 어울리라는 이야기를 많이 하고, 조화를 이루고 소통을 잘하고 민주적인 시민이 되라고 강조한다고. 자기는 한국에서 이런 말을 들어본 적이 없다고. 한국에서는 공부를 잘하라는 이야기만 들었다고 말이야.

우리가 미국의 유럽을 비롯한 선진국들의 많은 것을 배우면서 이렇게 경제 발전을 했지만, 우리는 민주주의에 대한 근본적인 성찰 없이 그런 나라들의 한 부분만을 배웠던 것이겠지. 우리는 여전히 시험을 보면 다 외워서 커트라인으로 나누는 데만 익숙하지 않니? 우리나라에도 수십 년 전부턴 서구에서 유학하고 온 엘리트 연구자들이 많은데, 나는 젊은 시절부터 그들에게 이런 부분이 참 아쉬웠어. 이쪽 말도 들어보고, 저쪽 말도 들어보고, 서로 토론하고, 양보와 타협도 하고, 열심히 의견을 나누면서 합의를 이끌어내는 그런 과정이 중요하다는 걸 누구도 얘기하지 않는 것 같았으니까.

그런 사회에서는 국가의 중요한 문제에 대한 합의도
힘들겠네요?

맞아. 내가 유학 이후 종종 해외의 외국인 동료나 지인들을 만
나면, 나는 그들에게 이런 이야기를 하곤 했어. 만약 네가 한국
에서 작은 문제를 해결할 수 있으면, 이 세계의 어떤 커다란 문
제도 다 해결할 수 있을 거라고. 우리나라의 문제는 그 문제 자
체만이 아니야. 사회의 모든 구성 요소들이 다 서로 상호 연관
되어 있어서, 무슨 문제 하나를 해결하기가 그렇게 힘들어. 왜
그럴까? 극도로 밀집된 전통사회의 분위기가 남아 있어서 그
래. 한 다리 건너 다 아는 사회여서, 남의 눈치를 살피고, 선후
배 관계로 엮여 있고, 자기 집단의 기득권을 지켜야 하고, 그런
게 다 엮인 채로 한 몸으로 뭉쳐서 움직이고 있어. 그런 사회에
선 개별 구성원의 민주적인 미덕을 찾아보기가 힘들지.
　　거기다가 우리는 성공의 기준이 너무 획일화되어 있고, 세
계의 어느 나라 사람들보다도 물질적인 것을 정말로 중요하게
생각하는 것 같아. 모두가 같은 것을 원하는 세상이 되어 있는
데, 그렇게 모두가 원하는 것 중에서 가장 중요한 요소가 바로
돈이 아닐까 싶어. 우리 사회에서는 돈의 영향력이 워낙 큰 것
같아. 우리는 미국이 전 세계에서 자본주의가 가장 강력한 나
라라고 알고 있는데, 대한민국은 배금주의가 오히려 미국보다

더 철저하고 심한 나라야. 우리나라는, 미국 밖에서 가장 미국적인 나라라고 해도 좋을 거야.

미국만큼 자원이 풍요롭고 땅덩어리가 큰 나라는 이런저런 문제가 있어도 그럭저럭 굴러갈 수 있겠지만, 우리는 아니야. 드라마 같은 것을 봐도 그래. 미국에는 적어도 가족의 유쾌한 일상을 그리는 홈드라마 같은 게 여전히 많이 방영되고 있어. 반면 우리나라 드라마는 불륜이니, 이혼이니, 출생의 비밀이니 뭐니 하는 왜곡된 가족 문제를 다룬 드라마가 아직도 많은데, 그 끄트머리에 가면 전부 다 돈에 관한 이야기인 거야. 적어도 일상에선 배금주의가 잘 드러나지 않는 미국과 달리, 우리는 그야말로 부모 자식 간에도 돈, 돈을 외치는 일이 너무나 많지.

우리나라 사람들은 왜 그렇게 되었다고 생각하세요?

우리는 가진 게 정말 없는 나라였거든. 미국을 비롯해 서구의 주요 선진국들과 달리 우리 국토 환경은 정말로 열악하지. 우리는 세계에서 인구밀도가 가장 높은 나라라고 할 수 있단다. 싱가포르나 홍콩 같은 도시 국가를 제외하면 네덜란드와 한국 정도가 세계 1위를 다투고 있어. 그런데 네덜란드는 국토의 90퍼센트가 평지야. 국토를 언제든지 농경지로 쓸 수 있고, 쓰고 있어. 하지만 우리나라는 워낙 산이 많아서 인간이 거주하고 사용할 수 있는 가용 토지의 단위면적당 인구밀도는 타의 추종을 불허할 정도로 굉장히 높아.

이런 물리적인 여건 말고 역사적인 조건 역시 우리를 이렇게 만들었을 거야. 우리에겐 일본 식민지의 잔재가 남아 있기도 했고, 한반도 안에서 동족이 피를 흘린 한국전쟁의 경험도 있고, 경제개발의 역사도 아직 한 세기가 되지 않을 만큼 너무 짧아. 1945년 우리가 일제 치하에서 해방이 되었을 땐 아프리카의 최빈국과 비교가 될 만큼 세계에서 가장 가난한 나라였으니까. 서구의 선진국들은 오랫동안 개발과 발전의 기간이 장기간 축적되어 온 경험이 있고, 그런 과정에서 여러 사회적 부작용을 차근차근 해결해 나가며 발전해 왔는데 우리에겐 그런 시간이 절대적으로 부족했다고 할 수 있어.

결국 다시 시간이 중요하다는 말씀이네요, 할아버지!

내 앞의 이야기를 기억해 주어서 고맙구나. 우리는 해방 이후 오랫동안 미국으로부터 어마어마한 물량의 경제적 지원을 받은 나라야. 그 당시는 유럽의 선진국들도 세계 2차대전으로 인해 크게 피폐해져서, 유독 미국만이 다른 나라들을 도울 수 있는 여력이 있었지. 특히 우리나라는 한국전쟁 때문이기도 했지만 정말 엄청난 지원을 받았어. 그렇게 선진화된 나라의 강력한 힘을 체감하면서 우리의 미국 따라잡기가 시작되었지. 그때 우리는 워낙 가난했기에 전 국민이 똘똘 뭉쳐 "잘살아 보세"를 외치지 않았겠니? 그러다 보니 우리는 선진국, 그중에서도 미국 사람들처럼 부자가 되겠다는 열망에 불타올랐어. '깨끗하고 넓은 집'과 '커다란 자가용', 이런 게 한국 사람들이 도달하고 싶은 욕망의 종착점이 된 거야. 미국의 부유한 사람들처럼 살아야겠다는 그 욕망은 지금까지도 우리의 무의식에 자리 잡고 있지. 국토도 비좁고, 인구밀도가 세계 최고 수준이며, 자원 또한 대단히 부족한 나라에서 살아가는 국민이 세계에서 제일 풍요롭고, 제일 물욕이 강하고, 가장 가진 게 많은 나라의 생활 방식을 흉내 내기 시작한 거야. 우리는 그들과 모든 여건이 다른데, 국민들의 마인드, '잘살아 보세'의 기준은 미국이 되어버린 나라가 됐지. 바로 그런 욕망이 우리나라 경제 발전의 원동력이 되었다는 사실은 부정할 수 없어. 하지만 다른 한편으로는 그래서 우리한테 맞지 않는 옷을 우리가 억지로 맞춰 입으려고 하니깐 사회적으로 부작용이 심각해졌어.

'잘산다'는 기준이 단일하게 되어버린 것이군요?

맞아, 리아야. 지금 우리나라에서 서울에 사는 중산층 가정의

소망은 무엇일까? 30년 전에도 그랬고 지금도 비슷한데, 아마도 40평 남짓 되는 아파트에 살면서 제네시스와 같은 대형차를 타는 것, 이런 걸로 대표할 수 있지 않을까? 우리는 누가 그 정도 되는 주거 공간에서 그 정도 자동차를 타고 다니면 아마도 "저 사람이 잘산다"라고 말하곤 하겠지.

그런데 미국이든 어디든 대도시 한가운데에 사는 사람이 자가용을 소유하는 나라는 사실 우리나라밖에 없어. 미국 뉴욕의 맨해튼에는 자가용을 가진 사람이 극히 드물어. 거기는 택시가 자가용 노릇을 하지. 대도시에서 자가용을 탄다는 것 자체가 어마어마한 비용이 수반되는 일이니까. 우리나라에서는 전국에서 가장 비싼 강남 금싸라기 땅에 사는 사람들조차도 지하 주차장에 자기 차가 있어야 하고, 백화점 갈 때 그걸 끌고 가야 해. 유럽이든 어디든, 백화점에 가면서 자기 차를 끌고 가는 사람을 만나기는 극히 힘들어. 그런데 우리나라 사람들은 바로 그런 시스템을 만든 거야.

그런 과시적인 현상이 점점 더 심해지고 있다고 생각하세요?

나는 그렇게 생각해. 더군다나 우리도 잘 모르는 사이에 우리나라가 어느덧 세계를 주도하는 나라가 되어서, 이제는 아예 우리가 세계의 유행을 선도하는 측면도 있단다. 불과 10년 전, 20년 전까지만 해도 우리나라 사회 초년병들에게 아반떼가 선망의 대상이었던 때가 있었어. 지금은 어떨까? 아반떼와 소나타의 시대를 뛰어넘고, 사회에 처음 나온 젊은 친구들이 그랜저부터 사곤 해. 요새도 미국에서는 한국 자동차 중에서 제일 많이 팔리는 건 아마 아반떼일 거야. 그러니까 미국 사람들보다 우리 눈이 더 높아진 거야. 그리고 슬슬 제네시스처럼 고급 차량이 우리나라 사람들 사이에서도 누구나 타볼 만한 차처럼 인식되고 있지. 일본에 가면 경차가 60~70퍼센트를 차지하고 렉서스 같은 큰 차는 쉽게 찾아보기 어려웠는데, 우리나라는 이제 지방 중소도시에만 가도 제네시스가 옛날 소나타만큼 흔해. 그만큼 과소비의 사회가 된 거야.

SUV의 유행은 어떨까? SUV 중에서도 제일 큰 차 중 하나가 팰리세이드라고 할 수 있을 거야. 이 차는 원래 미국 시장을 내다보고 만든 건데 우리나라에서도 굉장히 많이 팔리고 있어. SUV의 장점은 차에 짐을 가득 싣고 먼 거리를 오갈 때 편리하다는 것이겠지. 다소 연료를 많이 쓰더라도, 그런 장점이 있으니까 필요한 사람들은 그런 차를 구매하는 거야. 그런데 우리나라에서 이 차에 짐을 가득 싣고 다니는 사람이 과연 얼마나 될까? 나는 별로 없다고 봐. 실제로 짐을 싣고 내리는 광경을 거의 보지 못했거든. 난 이런 대형차는 미국처럼 땅이 넓고 인

건비가 비싸서 모든 일을 스스로 해야 하는 나라에서나 필요한 차라고 생각하고, 이런 대형 SUV가 우리 주위의 비좁은 도로에서 그렇게 많이 보이는 걸 보면 조금은 황당할 때가 있어.

크고 멋진 차에 대한 욕심은 이해할 만하지만, 그게 우리 환경과는 어울리지 않는다는 말씀이시겠죠?

맞아. 대형차를 원하는 사람들에게 작은 차를 사라고 무작정 말할 수는 없을 거야. 그러니 우리는 스스로에게 물어봐야겠지. 과연 환경과 기후변화를 생각하는 입장에서 봤을 때 우리는 어떤 차를 타는 게 좋을까? 이런 것에 대해 이야기를 하지 않고 기후변화에 대응하자는 것은 조금 앞뒤가 안 맞는 것 아닐까? 우리가 먼저 우리 주변과 자기 삶에서 불필요하고 에너지 낭비적이고 과소비적인 걸 절제할 수 있어야 그다음 단계로 기후변화에 대해 고민한다고 말할 수 있고, 또 우리 자손의 미래에 대해서 진지하게 생각할 수 있는 건 아닐까?

백색가전제품에 대해서도 같은 이야기를 할 수 있어. 한국의 백색가전제품이 지금 전 세계를 휩쓸고 있는데, 대부분 다 넓은 집에서나 어울리는 대형 제품들이야. 이윤을 추구하는 경제적 측면에서는 정말 좋지. 우리 상품을 비싼 값에 팔고 그만큼 우리 경제가 발전하는 거니까. 그런데 환경적인 측면에서 보면 그야말로 어마어마한 낭비라고 할 수 있어.

자동차처럼 가전제품도 해외에서 인기가 있는 제품들을 우리나라 소비자들도 적극적으로 구매하고 있는데, 예를 들어 냉장고에 관해 이야기해 볼까? 우리는 어디에 살든 웬만하면 마트가 바로 지척에 있는 나라야. 우리가 필요할 때는 거기 진열장에 가서 사도 좋을 식료품이 집 안의 큰 냉장고에 한가득 있는 건 불필요한 일이 아니겠니? 또 TV 드라마나 예능프로 그램 같은 걸 보면 누가 그런 냉장고를 열었는데 텅텅 비어 있는 가정도 얼마나 많니? 그렇지만 다들 일단 집에 들여놓고 보는 거야. 사람은 참 신기하게도 한번 크고 고급스러운 상품이 눈에 들어오면 그걸 절대로 잊지 못하는 존재지. '다른 집은 다 크고 번쩍번쩍한 냉장고가 있는데, 왜 우리 집은?' 이런 식으로 낭비와 과시의 풍조가 생겨나고. 에너지 가격이 세계 그 어느 나라보다도 더 비싼 나라에서 이런 분위기는 기본적으로 심각한 과소비의 풍조라고 할 수 있어.

어떻게 해결해 나갈 수 있을까요, 할아버지?

결국 사람들의 마음에 달려 있는 문제일 것 같아. 국가 역시 우리 환경에 어울리는 쪽으로 소비를 좀 더 유도할 필요는 있겠지만, 그런다고 해서 크고 좋은 상품을 쓰고 싶어 하는 사람들의 욕망을 일일이 다 통제할 수는 없을 테니깐. 우리 한 사람 한 사람이 조금씩 삶의 지향점을 변화시키고 다채롭게 만들어야 하지 않을까?

사람들은 입만 열면 우리나라 도시에 공원이 부족하고, 녹지가 부족하다고 그래. 그런 공간이 부족한 건 맞아. 사회가 풍요로워지면 그런 공공시설이 더 많이 만들어져야 하는 것도 맞고. 그렇지만 나는 이렇게도 생각해. 사실은 공원이 부족한 게 아니라, 사람들이 놀 시간이 없는 거라고. 우리나라 공원들에 가보면 사실 대부분의 시간에 사람들이 별로 많지 않단다. 외국의 공원과 우리 공원의 가장 큰 차이는 이거라고 생각해. 우리나라의 녹지 공간은 꽃이나 단풍이 흐드러질 때나 잠깐 붐비지, 대다수 공원은 평상시엔 무척 한가해.

그럼 왜 그럴까? 다들 너무 바쁘니깐 그런 거야. 먹고살 만해지면, 먼저 사람들이 느긋해져야 해. 자기 주위의 사람들과 자연을 즐겨야 하고. 사회 구성원 대다수가 자연을 느긋하게 즐길 수 있는 여유가 없는데 공원만 짓고 녹지만 늘리면 뭐 해? 요즘 아이들 놀 공간이 없다는 뉴스도 자주 나오던데, 동네 놀이터에 한번 가보면 어떠니? 애들이 뛰어노는 그런 놀이터는 사실 찾아보기가 힘들어. 다들 방과 후에도 다 학원에 가야 하고, 학원에 가서나 친구를 만날 수 있는데 누가 놀이터에 가겠니? 이러니 거기서 놀면 아이 부모가 이상한 사람이 되어 가는 분위기까지 만들어져버린 것 아니겠니?

그건 정말 그런 것 같아요.

녹지의 양적인 측면보다 훨씬 중요한 건 삶의 여유야. 그리고 그렇듯 그 사회 구성원의 여유, 삶의 결까지 조직하고 재편하는 것까지가 내가 추구하는 환경학의 본령이자 환경론의 목표였단다. 그렇게 다들 자기 인생에 여유가 없고 무언가에 쫓기는 사회에서는, 성공의 기준이 어느 지역에 사느냐, 몇 평짜리 집에 사느냐, 몇억짜리 집에 사느냐가 되어버리지. 우리나라의 모든 사람이 집값과 부동산 가격에서 눈을 뗄 수 없는 사회가 된 게 바로 그 때문이야. 내 동료와 지인 중에도 한참 전에 은퇴한 뒤 한적하고 자연과 가까운 지방에서의 삶을 동경하는 사람들이 있단다. 하지만 그들은 강남의 40평, 50평짜리 아파트에서 벗어나질 못해. 자신이 지금 살고 있는 아파트가 옛날엔 3억이었다가 지금은 30억짜리가 되어버렸고, 그 집값이 점점 더 올라가고 있는데 그걸 어떻게 파느냐 이거야. 이런 사회에서는 모두가 서울의 아파트를 동경할 수밖에 없고, 땅을 투기의 대상으로 바라보기도 쉬워진단다. 자연과 함께하는 삶은 저 먼 곳의 이야기가 되어버리고.

서울과 수도권이 너무 커져버렸다는 이야기는 저도 들어보았어요.

맞아. 사람들이 거기서 쉽게 벗어나지 못하는 것도 이해할 수 있지만, 우리가 앞으로 어떤 사회를 만들 것인지는 우리 모두 천천히, 차근차근 고민해야 할 거라고 생각해. 분명 물질주의적인 관점에선 우리가 선진국인 건 틀림없어. 하지만 우리나라의 빈부 격차는 점점 더 심해지고 있고, 어떤 측면에선 과거보다 경쟁과 차별이 더욱더 심각해지고 있어. 나는 대한민국의 환경과 인간을 바라볼 때, 이 빈부 격차의 심화, 그리고 그 양극화의 흐름에서 아래쪽으로 뒤처지지 않으려는 경쟁적인 풍조가 모든 문제의 근원이라고 생각해.

세계의 많은 나라들은 우리와 달리 지방자치의 역사가 뿌리 깊지. 그래서 인구 집중의 정도가 우리보다 훨씬 덜하고, 수도권과 지방, 대도시와 소도시, 그리고 도시와 시골의 격차가 우리처럼 크진 않아. 우리가 작은 마을에서 자기 주위의 이웃들과 정을 주고받을 수 있고, 고급 차나 명품을 사지 않고도 아늑함을 느낄 수 있고, 자기 집 주위의 텃밭을 가꾸며 지구의 미래를 고민할 수 있다면, 그리고 그런 분위기가 온 지구에 퍼진다면 당연히 지구 환경이 보존되지 않겠니? 이런 말을 너무 이상적이라고 비판하는 사람들도 없지 않을 거야. 하지만 우리도 이제 그런 다양한 삶의 방식을 받아들일 때가 되었어. 모두가 중앙으로 모여들고, 더 많이 가지고 더 풍족해지려는 사회는, 바로 그런 분위기 때문에 지금처럼 급격한 경제 발전을 이룰 수 있었던 건 맞아도, 적어도 앞으로의 기후 위기를 논할 자격이 없다는 게 내 생각이야. 그리고 이렇듯 남을 이기거나 남보다 더 잘나가려 하는 게 아니라 진정 자신의 행복에 더 집중하는 사람들이 좀 더 늘어날 수 있을 때만 우리는 환경을 보살피면서 풍요롭게 살아가는 세상을 만들 수 있을 거야. 환경을 우선시해서가 아니라, 우리가 편안하게 살기 위해서 진심으로 노력하다 보면 환경도 자연스레 지켜질 수 있을 거라는 게 내 생각이지.

우리 마음이 편안한 사회를 만드는 것이 지구 환경에도 더 도움이 될 거라는 생각이시네요!

그렇단다. 그리고 좀 더 부드러운 사회가 되었으면 좋겠어. 내 가족이어도 그이의 가장 자유로운 삶을 부드럽게 독려해주고, 내 가족이 아니어도 지금보다 서로를 훨씬 더 따뜻하게 대해주는 것이 내가 바라는 대한민국이야. 그런 사회에서는 금전적 수입이 얼마 안 되더라도 삶에 만족할 수 있고, 어떤 직업을 가지든 즐겁고 당당한 인생을 살아갈 수 있을 거야. 나아가서 자기가 살아가는 마을 단위에서 작고 탄탄한 공동체 의식이 피어날 수 있겠지. 헌 물품을 서로 나눠 쓰고, 과시적인 소비도 줄이고, 사람들 사이의 관계가 더 부드러워지면 그때 우리는 우리 주변의 아름다움을 더 잘 둘러볼 수 있을 거야. 우리가 어디 멀리 해외에 나가는 그런 여행이나 비싼 스포츠를 즐기는 것보다도 자기 주위의 푸릇푸릇한 자연이 더 소중하다는 걸 자연스럽게 깨닫게 될 거야. 그게 근본적으로 우리 지구를 위한 길이 아닐까?

자기 이웃에게 따뜻한 사람들이 지구를 살릴 수도 있다는 말씀이 이제 좀 이해가 돼요.

그런 생각이 내가 50년 가까이 우리나라에서 열심히 환경문제를 논하고 사회적 활동을 하는 데 밑바탕이 되었다고 생각해. 나는 가진 게 많고 적다거나, 상대가 어느 직위에 있다고 해서 누군가를 대하는 일에 차별을 두는 게 정말 이해가 되지 않았단다. 그건 분명 우리 대한민국이 가장 두드러지게 갖고 있는 어떤 특성이야. 바람직하다곤 할 수 없는 특성이지. 그동안 워낙 가난에 시달리고 급격한 발전을 이루다 보니 피치 못했겠지만, 이젠 좀 달라질 수 있다고 생각한단다. 상대가 어떤 사람이든 간에 일상에서 친절함과 부드러움을 잃지 말 것. 미국이나 유럽의 민주주의 사회를 경험하면서 나는 그들의 바로 이런 모습에 정말 감동하곤 했어. 그래서 나도 박사학위 공부를 할 때 언제나 건물의 경비 일을 하거나 청소 일을 하는 분들, 교수들의 비서분들을 가장 친절히 대하려고 노력했지. 그건 네 할머니도 마찬가지였어. 내게 점심으로 김밥을 싸줄 때면 자주 주위에서 열심히 일하는 사람들과 나눠 먹을 것까지 싸주곤 했고, 그래서 주위 사람들에게 참 많은 신망을 얻곤 했어.

　　할머니도 역시 멋지시네요…. 우리나라 사람들도 앞
　　으로는 좀 더 여유를 갖고 서로를 아낄 수 있었으면 좋
　　겠어요.

고맙구나. 네가 언제든 인간이 먼저라는 시각을 잃지 않았으면 좋겠어. 여전히 우리나라에서는 많은 사람들이 위험한 산업 현장에서 다치거나 죽고 있고, 아직도 곳곳에는 가난에 시달리는 사람들이 참 많아. 지금처럼 물질적 여유가 넘치는 시대에는 그런 어두운 면을 애써 보지 않으려는 풍조도 생겨나기 마련이지. 그러면서 우리는 이 격심한 경쟁에서 도태되지 않으려고 치열하게 어딘가로 달려가고 있고, 우리 자신의 생활 여건과 어울리지 않는 비싼 물품을 소비하는 데서 마음의 위안을 얻고 있어. 그것이 우리가 만든 현실의 풍경이야. 그리고 우리가 그

런 풍경을 만드는 와중에, 우리 모두 저도 모르게 계속 환경을 파괴하고 있을지도 모른다는 인식이 필요할 거야. 언제든 우리가 서로를 아끼는 일이 먼저야. 그러면 지구가 살아날 거라고 난 믿는단다. 둘은 본질적으로 떨어져 있는 게 아니니깐.

정직하게, 소박하게, 그리고 다양하게

3

잘 들었어요. 그럼 우리 사회의 분위기를 바꾸기 위해
서 가장 먼저 노력해야 하는 건 무엇이라고 생각하세
요, 할아버지?

리아야, 나는 다른 무엇보다도 우리가 우리 자신의 모습을 똑
바로 바라봐야 할 필요가 있다고 생각해. 이제 우리는 세계 10
대 경제 대국에 오를 만큼 부강해졌고 선진국의 대열에 합류했
지. 가진 것 하나 없는 나라에서 과학과 기술, 산업화와 공업화
의 힘을 통해 이런 놀라운 성취를 이룬 거야. 동시에 우리는 비
좁은 국토와 높은 인구밀도에 더해 대다수의 주요 자원과 원자
재는 수입을 해야만 하는 열악한 여건에서 살고 있어. 우리는
이런 우리의 현실을 정확하게 인지하고 바로 그 단계에서부터

기후와 환경 이야기를 시작해야 해. 그 속에서 지금 우리가 행동으로 옮길 수 있는 정말 실질적이고 실천적인 방안들이 나올 수 있을 테니까. 무작정 기후가 위기라느니 환경이 파괴되고 있다느니 하면서 강경한 목소리를 내는 것보다는 우리 자신을 정확하게 인식하고, 거기서부터 출발해서 우리가 어떤 일을 실천할 수 있는지를 판단하는 게 훨씬 더 중요해.

우리가 그런 부분에서 조금 아쉽다고 느껴지세요?

아쉬울 때가 많아. 과거 우리나라가 경제 발전과 산업화에 매진하던 개발지상주의 시기엔 정부가 잘못하는 일들이 너무나 많았어. 그때는 정부를 비판하고 사회정의를 외치면서 당위적인 목소리를 내는 게 옳았지. 지금은 어떨까? 지금은 국가가 무엇을 잘하는 것만으로는 어떤 문제도 해결될 수는 없어. 그동안 정부도 할 만큼 했고, 우리 경제가 국민소득 3만 불을 넘길 만큼 발전도 했고, 또 우리도 가질 만큼 가진 때가 된 거야. 지금 우리는 30~40년 전은 물론 불과 10년, 20년 전과도 매우 많이 달라졌는데, 아직도 우리의 바뀐 여건을 제대로 인정하지 않는 사람들이 참 많은 듯해서 늘 안타까워.
　이제는 우리도 자기의 삶을 조금은 더 소박하거나 불편하게 바꿔간다거나, 과감하게 포기할 것은 포기하고, 서로 다른 의견을 경청하고 타협하고 그래야 하는데 아직 그런 분위기가 많이 부족하지. 예를 들어 우리는 미세먼지에 관한 이야기만 나오면 중국 탓을 하기에 바쁘잖니? 내가 미세먼지에 관한 연구들을 오랫동안 살펴보았는데, 우리나라를 뒤덮은 미세먼지의 요인 중에서 중국이 유발하는 영향은 대체로 10퍼센트 남짓, 아무리 높게 잡아도 20퍼센트 미만이라고 할 수 있어. 일반 대중의 인식과는 다르게 그런 실증적인 연구 결과가 뚜렷하단다. 중국이 아예 문제가 없는 건 아니겠지만, 우리나라 산업체에서, 그리고 우리 일상생활에서 얼마나 많은 유해 물질을 내뿜고 있는지를 좀 더 정직하게 인식하는 게 필요하다는 말이야.

　우리가 은근히 외면하려고 하는 우리 자신의 문제를 인정하자는 말씀이네요!

맞아. 우리의 대화를 다듬어 주는 출판사의 젊은 편집자가 이번 여름에 아이를 낳았는데, 에어컨을 너무 오래 틀어두는 것 때문에 마음이 조금 무겁다고 하더라고. 신생아는 밤낮 할 것 없이 24~25도에 실내 온도를 맞춰줘야 하거든. 우리나라의 한여름 더위에 에어컨을 내내 틀지 않고선 그 기온을 결코 맞추기 쉽지 않은 게 사실이야. 나는 그이한테 죄책감을 느끼지 말라고 했어. 나와 아내는 한여름도 거의 선풍기로 나고 있지만,

그래도 만약 네가 갓난아기 때 우리 집에 머무르고 있었다면 어땠을까? 나도 마찬가지였을 거야. 너에게 적정한 실내 온도를 맞춰주었을 거라고.

네게 말해주고 싶은 건 바로 이런 거야. 우리가 기후변화와 지구의 미래에 관해서 얘기하기 이전에, 우린 먼저 우리가 누리고 있는 이러한 편리함에 관해서 이야기해야 한다는 거지. 물론 여기에는 단 한 가지 '옳은' 답이 없어. 그리고 선진국의 국민일수록 자신이 가진 걸 포기하기 힘들지. 대한민국은 분명 선진국이고, 난 그걸 정직하게 인정하는 게 중요하다고 생각하는 편이야. 에어컨이 지구온난화를 촉진하고 있는 건 맞아. 우리나라는 에어컨 보급률이 80퍼센트가 넘는 나라인데, 이건 전 세계에서도 거의 최고 수준이란다. 가난한 나라 사람들은 지금 이러한 쾌적함과 혜택을 별로 누리지 못하고 있는 것도 맞고.

그렇다면 이런 상황에서 에어컨 없는 세상으로 돌아가야 한다거나 에어컨 사용을 무작정 줄이라는 게 얼마나 설득력이 있을까? 이 무더운 날씨에 우리가 매일 에어컨을 사용하는 그 일상의 문제를 외면한 채, 저개발국가들의 가난한 일상을 보여주면서 "기후 위기를 해결해야 합니다"라고 외치는 게 얼마나 현실성이 있을까? 우리는 다른 방식으로 이 문명의 이기를 다뤄가고, 우리 삶에서 조금이나마 소박함을 실천하는 게 맞지 않겠니?

할아버지 말씀을 들으니 정말 와닿아요. 지구의 위기를 이야기하는 것도 좋지만, 내 생활에서 먼저 무엇을 포기할 수 있는지 고민하는 게 필요하다는 말씀이니까요!

맞아. 그렇게 한 사람 한 사람이 자기 위치에서 최선을 다하는 일만이 어쩌면 인류와 세계의 운명을 바꿀 수도 있으니 말이야. 우리 모두가 자신의 상황에 맞게 조금씩 더 노력해야지, 기후와 환경문제를 해결할 수 있는 유일무이한 절대 진리 같은 건 아예 존재하지 않아. 마치 인간 존재의 비밀을 단 하나의 변수, 유전자로 설명할 수 없는 것처럼 말이야. 이번엔 너에게 유전자와 진화론 이야기를 좀 들려주고 싶어.

　DNA가 무엇인지 들어보았지, 리아야? 1954년 제임스 왓슨과 프랜시스 크릭이 DNA의 구조를 발견하고, 그것이 유전의 근본이 된다는 걸 밝혀내서 노벨상을 탔단다. 이후 20세기 후반은 가히 생물학의 시대라고 불릴 만했어. 나도 10대 시절 왓슨과 크릭이 몰고 온 DNA 열풍에 감복해서 생물학을 전공으로 선택했으니 내 인생에도 큰 영향을 미친 사건이었지. 이러한 DNA 연구 결과는 무생물에서 생물이 어떻게 유래했고, 어떤 방식으로 대를 거듭해서 자연선택이 이뤄지며, 우리 인간을 거쳐 생물이 미래에 어떻게 진화할지도 설명해 주었어. 그런 과학적인 발견에 많은 사람이 매료되었지.

그러면서 우리 인간의 가장 핵심적인 본질은 DNA이며, 그 껍데기가 인간이라는 식의 근본주의적인 설명까지 등장해. 말하자면 이런 식이지. 모든 동식물은 다 세포로 만들어졌고, 세포의 중심엔 핵이 있어. 핵의 중심에는 염색체라는 유전 물질이 있고, 염색체의 핵심엔 바로 DNA로 구성된 유전자가 있어. 지구가 아직 무생물의 세계였던 원시지구의 시절, 어디에선가 DNA 가닥이 만들어졌단다. 그 DNA 몇 가닥이 모여서 최초의 유전자를 만들었는데 여기서 원시박테리아가 탄생했고, 그 박테리아들이 진화하면서 어느새인가 동식물이 나타나고, 결국 우리 인류까지 탄생하게 되었어. 여기까지는 너도 과학책에서 이미 읽어보았을 생명 진화의 역사야.

그런데 지구 생명의 역사에선 수많은 생물종들이 탄생하고 사라지지? 중생대의 공룡들이 사라지고 대신 포유류가 나타났듯 말이야. 그렇게 명멸하는 진화의 역사에서 유전자는 계속 살아남았어. 먼 옛날 원시지구에서 처음 탄생한 박테리아 몸에 들어 있던 그 유전자가 지금 우리 몸속에도 남아 있는 것이지. 그러면 우리 인간이란 과연 어떤 존재일까? 결국 우리 세포 속의 유전자가 살아남기 위해서 잠시 유지되는 일종의 유전자 운반체 정도라고 할 수 있지 않을까?

와, 흥미로운 설명이네요.

맞아. 그래서 이 이론이 학계에서도 큰 주목을 받았고, 대중적인 인기도 참 많았어. 인간이 먼저가 아니라 유전자가 먼저라는 시각, 유전자가 살아남기 위해 최선의 전략으로 택한 게 박테리아와 동식물의 등장이고 결국 인간의 등장이었다는 시각 말이야. 1976년에 출간된 리처드 도킨스의『이기적 유전자』가 이런 논리를 펼쳐서 과학계에 일대 센세이션을 불러일으켰고, 이렇게 인간 존재를 유전자중심적으로 해석하며 사회생물학을 내세운 에드워드 윌슨도 있었지.

사회생물학이라고 하면 네게는 아직 어려운 개념이겠지만, 간단히 설명하면 이런 거야. 리처드 도킨스의 유전자중심론은 결국 우리 인간의 본성은 유전자에 모여진다는 것이지. 그러면 그렇게 최초의 생명 탄생 이후 면면히 우리 인류에게까지 전달된 유전자가 우리를 통제한다고 해도 그리 틀린 말은 아니겠지? 그런 관점은 인류 역시 원숭이나 사자, 공룡과 그 속성에 있어서는 별로 차이가 없다는 논리로 이어질 수 있고, 에드워드 윌슨은 바로 이런 논리로 인간 사회 역시 설명할 수 있다고 말했어. 이런 시각에서 보면 약육강식이나 적자생존과 같은 진화적 설명도 자연스러우니깐.

물론 그들은 뛰어난 과학자였고, 나도 두 사람에게 많은 것을 배운 건 분명해. 그렇지만 도킨스와 윌슨은 진화를 설명하는 데 있어 '단 하나의 해답'을 찾으려는 태도를 견지했고, 그들에게 그 답은 유전자였지. 나는 그렇게 '유일한' 답을 찾으려는 그들을 비판하는 입장을 가지게 됐단다. 나는 생물학을 공부하고 진화론이 옳은 것을 알았지만 오래전부터 그런 식의 유전자결정론이 마음에 들지 않았거든. 유전자가 아무리 중요하더라도, 그 힘이 얼마나 강하더라도, 인간이라는 존재를 어떻게 유전자 하나가 다 결정하겠어?

그럼 할아버지는 뭐가 우리를 결정한다고 생각하세요?

그 변수는 무궁무진하지. 세계는 다양하고, 우리의 숱한 인간관계도 다 우리의 운명을 바꿔줄 수 있으며, 우리를 조금씩 더 낫게 만들어줄 수 있어. 우리는 다 서로 도와가면서 이 세계를 바꿔갈 수 있단다. 린 마굴리스라는 학자는 내게 이러한 인식의 지평을 보여주었어. 내가 연구자로서 미국에 처음 갔던 1981년에 대학에서 이분이 했던 강의를 들었는데, 이분이 생물 진화의 역사를 다루면서 다윈의 진화론을 자기 나름으로 참신하게 풀어가는 게 정말 놀라웠단다. 나는 이분에게 완전히 반해버렸지.

린 마굴리스의 생각은 무엇이었어요?

그녀의 이론은 한 마디로 말해서 세포 내 공생설이었어. 조금은 어려운 단어지? 마굴리스는 생물 진화에 있어서 다윈이 처음 도입했고 도킨스와 윌슨이 발전시켰던 적자생존의 살벌한 투쟁뿐만 아니라, 이에 못지않게 생물들 사이의 협력과 공생(共生)도 진화의 한 축이 될 수 있다는 것을 보여주었지. 진화의 방식에 대한 설명은 그때까지도 과학적 증거가 많이 부족했는데, 마굴리스는 원시박테리아들이 이룬 집합체가 이후 진핵세포를 만드는 데 지대한 영향을 미쳤다는 것을 보여주었어. 그녀에 따르면 우리 세포 내에 있는 세포핵, 미토콘드리아, 엽록체가 다 원래는 사실 독립적인 박테리아였다고 해. 그런데 그것들이 큰 박테리아 속으로 들어간 뒤 서로 협력해서 박테리아의 집합체가 형성되고, 그래서 하나의 진핵세포로 진화했으며, 그런 진핵세포들이 모여서 궁극적으로는 인간이 만들어졌다는 게 그녀의 진화적 논리였지.

박테리아의 협력이 인간을 만들었을 수도 있다니! 놀랍네요!

맞아. 고등 동식물의 세포가 만들어지는 과정을 살펴보면서 박테리아와의 협력을 발견했다니, 나로서는 그 시각에 매료될 수밖에 없었단다. 세계를 단일하게 하나의 요인으로 환원시켜버리는 게 아니라, 풍부한 우연과 서로 간의 공생을 인정하는 종합적인 시각이었으니까.

진화학계에서는 전자의 흐름을 환원주의, 후자의 흐름을 종합주의라고 부른단다. 나는 진화론을 공부하며 가급적 종합론적인 관점을 견지하려 노력했어. 그리고 이후에 환경문제를 연구할 때에도 그런 종합론적인 시각이 크게 도움이 되었지. 환원주의를 대표하는 게 에드워드 윌슨과 리처드 도킨스 등의 학자라면, 종합주의 쪽으로는 스티븐 J. 굴드와 리처드 르원틴 같은 학자들이 대표적이란다. 린 마굴리스도 후자의 계열에 속했고.

마굴리스에 관한 재미있는 개인사도 있단다! 그녀는 『코스모스』라는 유명한 과학책을 쓴 칼 세이건의 첫 번째 부인이었어. 이 두 사람은 다 공히 천재라고 불릴 만했어. 일반 대중에게는 칼 세이건만큼 알려지진 않았어도 린 마굴리스 또한 칼에 못지않은 천재였지. 이분들 사이의 아들이었던 도리언 세이건은 엄마, 아빠와 달리 문학을 전공한 뒤 작가의 길을 걸었는데, 엄마인 린 마굴리스와 공저로 책도 많이 집필했단다.

레이첼 카슨도 린 마굴리스도 정말로 멋진 여성이었네요.

정말 그렇지. 나는 마굴리스에게서 워낙 영감을 많이 받았는데, 내가 박사학위를 막 마칠 때 마침 그녀의 『마이크로코스모스』라는 책이 미국에서 출간된 거야. 나는 이 책을 번역해야겠다 싶어서 서둘러 그 작업에 착수했지. 그땐 원고지에 펜으로 작업하던 시절이라, 책상 위에 종이를 수북하게 쌓아놓은 채정말 열심히 번역했어. 요즘에야 좋은 과학책들이 많이 나오고 있지만, 당시 척박한 한국의 토양에서는 이런 책을 출판할 곳을 찾기도 힘들었어. 그래도 과학적인 소양에 관심이 많았던 출판사를 잘 만나 책이 무사히 출간되었고, 내가 번역한 『마이크로코스모스』가 그해 과학도서 번역 부문 과학기술부장관상을 받았단다. 나에게는 굉장히 의미 있는 책이 된 거야. 독자들에게 제대로 된 과학책을 이제야 읽을 수 있었다고 칭찬을 많이 받기도 했어. 그러니 여기서 자랑을 조금만 더 한다면, 내가 동시대의 진화론을 가장 먼저 우리나라에 소개한 사람 중 한 명이라고 할 수도 있지 않을까? 그런 진지한 논의에 아무도 관심이 없던 그때 제대로 번역을 해서 책을 냈으니깐.

할아버지가 우리나라의 진화론 소개에 앞장섰다니, 몰랐던 사실이었어요!

이후에는 스티븐 J. 굴드의 『다윈 이후』도 번역을 해서 세상에 내놓았고, 이 책도 많은 사랑을 받았어. 굴드는 진화에 관해서 환원주의를 배척한다는 학문적 입장을 선명하게 보여주었지. 앞에서도 말했지만, 환원주의는 '끝까지 파고 또 파고들면 그 중심에는 무엇인가가 있다'는 입장이었어. 그게 유전자든 군 집의 힘이든 생물의 본성이든, 무언가가 있다는 게 환원주의거 든. 굴드의 입장은 생물체들이 서로 연계하고 상호작용을 하면 서 진화가 이뤄진다는 것이었고, 그래서 이 세상의 진화는 굉장히 다채롭고 역동적으로 벌어진다는 것이었지. 어느 한 가지 일방적인 포스가 세상사를 좌지우지하는 것은 아니며, 세계의 여러 다양한 힘들이 상호작용해서 변화해 나간다는 게 그의 생 각이었어. 마굴리스와 굴드 둘 다 어느 한 가지 힘으로 생물 진 화가 이뤄졌다고 하는 관점이 위험한 것이라고 말한 셈이지. 심지어는 생물들 사이의 협력과 공생이 이 세계를 더 다양하게 만들 수도 있다는 거니까, 적자생존과 경쟁만을 강조했던 진화 론에 적절한 균형을 잡아준 거야.

함께 살아가려는 것 또한 생물의 본성 중 하나라는 거 군요!

맞아. 마굴리스와 굴드에 이어 내가 우리나라에 소개했던 제임 스 러브록이라는 과학자도 마찬가지였어. 『가이아』를 쓴 러브록은 이제 시야를 넓혀서 우리 지구를 하나의 살아 있는 유기체로까지 인식해. 지구의 생물권과 대기권, 바다와 육지를 한데 묶어서 자가조절 능력과 항상성을 갖춘 하나의 생명체로, 능동적이고 복합적인 실체로 인식한 거야. 아침저녁으로 조금 달라지긴 해도 일정하게 36.5℃의 체온을 유지하려는 우리 신체처럼 말이야. 이러한 항상성은 생명체를 무생물체와 구별하는 중요한 특징이기도 하단다.

가이아(Gaia)라는 말을 들어보았니? 가이아는 고대 그리스 신화에 등장하는 대지의 여신이자 자비로운 신이야. 서로 관련이 없는 것처럼 보이는 모든 생명체가 이 지구를 지속가능하게 만들고 있다는 게 이분의 생각이었어. 리아야, 지구의 바닷물이 왜 짤까? 하늘에서 비가 내려 육지의 염분이 씻겨 내려가 바다로까지 이른다는 점은 누구라도 생각할 수 있어. 그럼 지구가 생긴 이래 40억 년 동안 바닷물은 계속 짜져야만 하지 않을까? 그런데 바닷물의 염분 농도는 지난 20억 년 동안 하나도 변하지 않았어. 어떻게 그럴 수 있었을까? 이제까지 그 메커니즘을 누구도 설명하지 못했는데, 이분은 해냈어.

어떻게요?

러브록은 바다에 사는 여러 생명체 덕분이라고 했단다. 바다에 떠다니는 무수한 미생물들이 전 지구적 규모로 해양의 산도와 염도를 감지해서 안정화시키고 있기 때문이라는 거지. 미생물들은 자기네들이 서로 협동하고 공생하고 있다는 것을 당연히 몰랐겠지만, 저도 모르게 염분의 농도를 조절할 수 있었다는 거야. 먼 옛날 바닷물의 염분 농도가 점점 더 짜져서 이제 생물들이 견디기 어려운 지경에 이르면, 전 세계 해안의 어느 부분에서는 산호초와 같은 생물들이 자라서 자연스레 바다와 격리된 호수가 만들어질 수 있었어. 그렇게 갇힌 바닷물이 태양열에 건조되어 소금물이 만들어졌지. 자연계의 생물들이 만든 자연 염전이라고나 할까. 그런 일이 주기적으로 반복되면 바닷물의 염분 농도가 지속적으로 높아지는 일은 일어나지 않게 될 수 있겠지? 이게 러브록의 생각이었어.

러브록은 계속 질문을 던져. 지구의 평균온도는 어떻게 생물이 살 수 없을 지경으로 너무 높거나 너무 낮아지지 않게 유지될 수 있었을까? 왜 지구 대기권의 산소 농도는 21%로, 질소 농도는 79%로 유지되고 있을까? 지구의 대기는 어떻게 생명체가 살기에 최상의 조성과 구성 비율을 갖출 수 있던 것일까? 답은 최초로 형성된 유기물질과 그것으로 만들어진 원시 생명체, 즉 박테리아와 그런 박테리아들의 공생으로 만들어진 원시 녹색식물들이었어. 지구의 이런 수많은 생물종이 서로 집합적으로 작용해서 지구 환경을 예나 지금이나 변하지 않게 만들었다는 거지. 그런 지구의 항상성 덕분에 생물은 조금씩 진화를 거듭해 35억 년 전에는 비로소 광합성을 하는 생명체까지 등장할 수 있었어. 이 녹색식물들은 태양광 에너지를 수확해 무한한 먹거리와 산소를 공급하기 시작했고, 이를 바탕으로 먼 미래엔 인간도 탄생할 수 있었다는 거야. 지구의 환경이 큰 변함없이 오늘날까지 유지되는 것은 지구의 모든 생물이 힘을 합쳤기 때문이고, 그게 뭘 의식적으로 노력해서가 아니라 자연적으로 서로 협동해서 유지된 것이라는 게 러브록의 생각이었어. 그는 이렇게 지구 진화의 40억 년 역사를 설명해냈단다.

정말 놀라운 생각이네요!

그렇지. 이 지구 위의 모든 생물체를 아우르는 포용적이고 평등한 시각이야. 러브록의 가이아 이론은 인간중심적인 것도 아니고, 거기엔 어떤 유전학적인 위계질서 같은 것도 없어. 러브록 박사는 지구 위의 모든 존재가 수동적인 존재가 아니라, 환경을 변화시키면서 자신의 적응력을 키워나가는 능동적 존재이기 때문에 무수한 지각변동과 환경변화에도 지구 생물의 역사가 그토록 오래 유지될 수 있었다고 해. 그의 이론은 인간 역시 지구의 다른 생명체 심지어 물이나 산소 같은 무기물과도 평등한 위치라는 것을 우리에게 각인시켜 주었어. 박테리아,

인간과 동물과 식물, 그리고 유기물과 무기물 중 무엇 하나라도 없었다면 내가 너와 이야기를 나눌 수도 없었을 테니 말이야. 지구의 주인은 인간이 아니야. 다양한 생물 모두가 이 행성의 주인이라는 거지. 이런 멋진 내용의 책을 우리말로 옮길 때 나는 정말로 기쁘고 보람찼단다.

그렇게 탄생한 우리 인간이 이제 지구를 괴롭히고 있네요.

러브록도 그걸 무척 안타까워했어. 러브록은 지구의 기후변화가 인류 때문에 회복할 수 없는 지경에 빠졌고, 자생 조절 능력을 잃어버릴 수 있다고 경고했지. 그는 인류의 장래를 위협하는 가장 심각한 환경오염 문제는 산성비나 오존층 파괴 같은 것보다도 '3C'가 주범이라고 했어. 3C는 승용차(Car)와 가축(Cattle), 그리고 기계톱(Chainsaw)이란다. 우리가 앞으로도 자동차를 아예 포기할 수는 없을 테고, 모든 사람이 한꺼번에 육식을 끊는 것도 힘들 거야. 그리고 지구의 나무를 잘라내는 것도 멈추지는 못할 거고. 그러니까 우리 삶을 되돌아보고, 지구를 위해 조금 더 소박한 삶을 유지하는 것이 무엇보다도 중요하다는 말이겠지?

자기가 할 수 있는 곳에서부터 시작하기! 저도 이젠 명심하고 있어요.

지금 우리의 라이프스타일은 좀 바뀔 필요가 있어. 우리 아파트에서도 쓰다 버리는 가구들이 어찌나 많은지…. 특히 우리나라는 일상생활에 필요한 원자재 대부분을 개발도상국에서 수입하는데, 이렇게 아무 물건이나 쉽게 버리는 일은 천연자원을 과소비하는 것과 같아. 자동차도 그래. 나는 지난해 19년 동안 탔던 차를 폐차하러 갔는데, 폐차장에 무슨 멀쩡한 고급 외제차들이 그렇게 많은지…. 내가 그곳 주인장에게 물어보니, 그런 차들은 고장이 나면 수리비가 너무나 많이 나와서 그렇게 폐차를 선택하는 일이 흔하다는 것 아니겠니? 그야말로 어마어마한 낭비라고 하지 않을 수 없어.

그렇지만 나는 코로나 시대 이후에 우리 사회에서 희망을 보고 있단다. 나는 환경학자로서 진지하게 그런 변화를 '코로나 시대의 기적'이라고 말하고 싶어. 물론 코로나 사태는 인류의 대재앙이었고, 그 때문에 세계의 많은 사람들은 정말 큰 고통을 겪어야 했지. 격리로 인해 일회용 플라스틱 배출량이 지나치게 늘어난 것 또한 안타까운 일이었고. 그렇지만 이 재앙은 의도치 않게 우리의 후진적인 사회문화 행태를 일거에 바꿔주기도 했어. 다른 나라가 지난 세기 오랜 기간을 통해서 달성

할 수 있었던 선진적인 분위기가 우리 사회에 빠르게 자리 잡았고 새로운 라이프스타일이 만들어질 수 있었지.

코로나가 그런 역할을 했다니…. 어떤 부분에서 좋아졌어요?

무엇보다도 가장 긍정적인 것은 그동안 우리 사회의 고질적인 문제였다고 할 수 있는 밤 문화, 저녁 문화가 없어졌다는 거야. 코로나 직전까지는 그렇게 자주 회식이니 뭐니 하면서 새벽까지 부어라 마셔라 했던 사람들, 가장들이 일찌감치 퇴근하게 되었지. 내가 외국에서 공부하거나 일할 때 그렇게 부러웠던 가족 중심주의가 이제 우리 사회에도 정착하기 시작했어. 사실 다른 나라들은 저녁 6시만 되면 극히 일부의 유흥가를 제외하면 다 컴컴해지거든. 이렇게 정시에 퇴근하는 기업문화가 생기고, 그래서 흥청거리는 유흥 전문 술집 같은 것들이 사라지고, 가족과 가정 중심으로 생활이 굴러가기 시작했다는 건 우리가 생각하지 못했던 정말 큰 축복이란다. 바로 거기에서부터 정말로 자신과 자기 가족의 행복을 추구할 수 있는 라이프스타일이 탄생할 수 있는 것이니깐. 일과 휴식이 명확하게 분리되고, 휴식의 시간이 보장되며, 정해진 시간에 자신에게 주어진 일을 끝마치고 회사와는 '안녕' 할 수 있는 문화가 생긴 건 정말 놀라운 일이었지.

듣고 보니 그렇네요. 모여서 흥청망청하는 게 아니라 정해진 일을 딱 하고 남은 시간은 가족들과 같이 보낼 수 있으니까요.

그런 면에서 나는 우리 기업문화, 회식문화를 풍자했던 요즘의 MZ세대 유행, 그런 것도 참 바람직하다고 생각했어. 무슨 일을 제대로 하기 전에 회식 예약부터 잡고 보는 조직문화를 젊은 직원들이 아주 싫어하지 않았니? 이젠 그렇게 위에서 아래로 내리누르는 그런 분위기가 사라지고, 앞으론 일의 방식도 점점 더 다양해질 거야. 지금 정부가 자꾸 다른 길로 새려고 하지만 노동시간이 점점 짧아지는 추세도 세계적인 관점에서 보면 당연한 것이고, 재택근무 등 다양한 방식의 노동도 늘어나고 있고 말이야. 그건 선진국 레일에 올라탄 이상 점점 더 가속도가 붙을 수밖에 없는 추세란다.

무엇보다도 이렇게 밤 문화가 사라졌다는 건, 기업과 관공서에서 사람들이 일하는 방법 그 자체를 바꾸었다는 측면도 크단다. 밤의 술자리가 사라지고, 그런 술자리에 필요한 접대비가 사라졌다는 건 그중에서도 가장 상징적인 변화야. 우리나라 기업이 선진국화가 되어 있지 않았다는 건, 그만큼 접대와 뒷돈이 많았다는 것으로도 표현될 수 있거든. 그건 기업의 부정부패 관행이라고도 말할 수 있어.

우리 사회의 접대 관행은 정말 이상한 문화였단다. 세계 그 어느 나라에서도 찾아보기 어려운 후진적인 문화였지. 기업 내부적으로는 승진과 인사 문제와도 연결되고, 기업과 기업 간의 관계에서는 불투명한 인적 네트워크의 덕을 보는 영업 행태를 낳았지. 같이 술 먹고 밤늦게까지 으쌰으쌰 하면서 중요한 안건을 논의한다는 게 나로서는 옛날부터 도저히 이해가 되지 않았어. 글로벌 스탠더드와도 전혀 맞지 않는 문화였고. 정직하게 자신의 실력으로 승부하기보다는, 기업 내부의 정실 문화나 외부의 인간관계로 어찌어찌 풀어보려는 식의 분위기를 낳았단다.

저도 그런 문화가 없어진 게 정말 다행스러워요.

다른 한편으로는, 선진국이 되면 삶의 방식이 다양해진단다. 그리고 그런 다양성 속에서 사회적 차별이나 낭비가 많이 줄어들 수 있다는 건 분명해. 지난 몇 년간 우리 사회 구석구석을 들여다보면 사회적 협동조합이라든지 자연친화적인 지역 연계 사업들도 많이 생겨났어. 그런 현상은 이제 사람들이 비로소 자기 나름의 행복을 추구한다는 일면을 보여준다고도 할 수 있어.

우리는 코로나 덕분에 그런 사회의 분위기가 촉진되고 있어서 이제는 조금 더 그런 방향으로 개인의 삶을 바꿔갈 수 있는 여지가 생겼어. 우리는 모두 다 조금씩 다른 취향을 갖고 있는 사람들이라는 인식이 중요하고, 그렇게 각자가 자기 생활을 다양하게 꾸리면서 삶의 질을 높이면 자동적으로 환경이 개선될 수 있단다.

앞에서 자동차나 가전제품에 관해서도 이야기했지만 유행에 휩쓸리지 않고 자기 나름의 취향으로 여가를 즐기는 문화는 정말 중요해. 예컨대 지난 몇 년간 해외로 못 나가니까 국내 여행을 가는 사람들이 많아지고, 그래서 케이블카나 출렁다리 같은 게 전국 곳곳에 우후죽순 만들어지는 걸 알고 있니? 그런데 그런 유행은 몇 년이 지나고 나면 이내 시들해지기도 쉽단다. 그렇게 일시적인 풍조에 이끌려서 만들어진 시설은 역시 환경에 크고 작은 영향을 주고, 다 낭비적인 요소가 될 가능성이 크지.

다양한 게 그만큼 중요하군요!

여가를 즐기는 것 또한 우리는 아직 그 다양성이 많이 제한되어 있는 것 같아. 해외에 나가서 쇼핑센터에 들르면, 스포츠용품이나 취미용품을 파는 상점들도 많고 거기서 취급하는 상품들이 우리나라 상점과 비교하기 어려울 정도로 다양한 경우가 많단다. 지금은 많이 따라잡았지만 우리는 여전히 매우 부족한 수준이지. 어떤 사람은 그림을 그리는 것에서, 또 어떤 사람은 음악을 듣거나 노래를 부르고 악기를 연주하는 일에서, 혹은 목공을 하는 것에서 삶의 즐거움을 발견할 수 있지 않겠니? 그런 다양한 취미와 관련된 다양한 용품이 많다는 건 사람들의 라이프스타일이 그만큼 획일적이지 않고 다채롭다는 걸 뜻할 거야. 무엇보다도 내가 20년 전 유럽에 갔을 때 놀란 건 식료품점을 둘러보고서였어. 파리 백화점 지하 매장이었던 것 같은데, 거기서 판매하는 상품의 가짓수가 정말 어마어마하더구나. 그만큼 사람들 입맛이 다양하다는 뜻이겠지? 사정이 점점 개선되고 있지만, 아직도 우리가 누려야 할 다양성은 다 못 누리고 있다는 게 내 생각이야.

자기만의 취향을 발견하는 일이 그만큼 중요하다는 것이겠죠?

맞아. 지구의 생물이 보여주는 공생의 중요함도 그렇고, 사람들이 함께 살아가는 모습도 마찬가지일 거야. 지금까지 우리는 너무 우르르 몰려다니면서 자신이 정말로 아껴야 하는 것은 제대로 아끼지 못했어. 우리 때는 사회생활을 잘하는 가장이라면 아이들 자는 것도 못 보고 야심한 시간에 귀가하는 걸 미덕으로까지 여겼는데, 그런 문화가 이제 싹 바뀌는 중일 거야. 그런 사회에선 앞으로 부부가 이야기하는 시간이 늘어날 거고, 아이들과도 더 부드럽고 친밀한 관계를 맺을 수 있게 되겠지. 그러면 자신과 자신의 주위 사람들이 얼마나 다양하게 멋진 사람들인지를 발견하게 될 거야.

나는 그런 세상에서만 상대방을 진정으로 이해하는 일이 가능하고, 특히 조금 더 많은 걸 가진 사람들이 다른 사람에게 자신의 것을 양보하고 더 쉽게 다른 사람들을 포용하는 일이 가능해질 거라고 생각해. 이 세계에는 하나의 정답이 없고, 다양한 존재들이 다 서로를 좀 더 낫게 만들어줄 수 있다는 것, 이게 생물학적인 종합주의의 가장 멋진 면이라고 앞에서 말해주지 않았니? 나는 우리 사회가 이런 단계에 들어서고 있다고 생각해. 나와 내가 사랑하는 사람들이 얼마나 고유하고 다양한 존재인지를 발견하는 일은 정말 놀랍고 멋진 일이니깐!

수돗물을
마시지 못하는 사회

4

우리의 다양한 라이프스타일이 지구를 위해서 그렇게 중요할 수 있다니, 저도 생각의 폭이 넓어지는 것 같아요.

맞아. 그렇지만 그렇게 사는 일이 쉽지만은 않단다. 하지만 누구에게도, 이 사회의 어떤 힘에도 휘둘리지 않는 개별적인 삶은 그만큼 가치가 있다고 생각해. 그러면서도 남보다 더 잘나가지 않아도 괜찮은 삶. 자신이 가진 것에 만족하고, 주위의 나보다 좀 못한 사람을 챙기면서 살아가는 따뜻한 사람. 나는 그런 게 이 지구를 바꿀 수 있지 않을까 생각해. 그게 이 지구가 43억 년 동안 작동하는 방식이기도 했고.

저는 아직 학교에 다니고 있지만, 어른이 되었을 때 자기만의 삶을 살아가기 힘든 이유가 있을까요?

한국 사회는 앞에서도 이야기한 여러 가지 이유로 무언가 자기만의 개성 있는 삶을 살기가 대단히 힘든 것 같아. 그렇지만 개개인이 좀 더 용기를 내야겠지? 그리고 사회도 더 정의롭게 바뀌어야 할 거야. 적어도 돈이나 권력 같은 것에 사회의 정당한 규칙과 규범이 흔들리는 일은 절대로 벌어져선 안 되겠지. 그만큼 한 국가와 공동체의 뼈대를 세우는 일은 중요한 법이란다. 거기에서 모든 일이 시작될 수 있으니까.

앞에서는 우리 사회의 후진적인 일면을 들려주었는데, 환경학 분야도 크게 다르진 않았어. 과거 우리 사회를 충격에 빠뜨린 환경오염 사고들도 제대로 규정을 지키지 않고 일을 처리해서 발생한 경우가 적지 않았거든. 말 그대로 사회의 기강이 대단히 흐트러져 있었고, 그런 도덕적 해이는 불과 10여 년 전까지도 국가 차원에서 지속됐지. 우리나라에선 돈을 최고로 여기는 최고지도자가 2000년대 후반부터 환경 분야의 국책사업을 대대적으로 시행하려 했는데, 물밑에서 자기네들 비위를 맞춘 의견이나 연구 결과 같은 것을 요구하고, 장관이나 정부 기관의 고위직을 놓고 돈이 오고 가는 일이 비일비재했지. 그때까지만 해도 나도 활발하게 목소리를 내고 사회적으로 활동하던 때라 내 주위에서 이런 일이 많았다는 것을 잘 알고 있어.

저는 이제 열세 살인데, 제가 태어날 즈음에 있었던 일
이네요! 그때는 우리나라가 지금처럼 선진국이었을
텐데….

전 세계의 부패지수는 많은 부분 경제성장 곡선과 비슷하게 흘
러. 찢어지게 가난할 때는 힘 있는 사람들이 해 먹는 것도 작아.
우리가 어느 정도 소득이 오르기 시작하면 부패의 스케일도 커
지지. 우리가 천민자본주의라고 표현하는 게 그런 시대야. 그
러다가 경제의 발전 수준이 어느 정도 고개에 오르면, 성장은
계속되어도 부패는 멈춰. 여러 선진국도 대부분 그런 단계를
밟아왔고, 우리나라도 그런 사이클에서 자유롭진 못했어. 우리
나라에서는 1970년대부터 1990년대를 통틀어서 크고 작은 부
패들이 만연했는데, 2000년대에 이르러 경제가 선진국 문턱에
다다르자 오히려 국가적인 차원의 부패가 도드라졌던 측면이
있어. 사회가 이렇게 부정의하고 정직하지 못한데 그 안에서
살아가는 개개인에게 정의로운 삶을 살아가라는 건 사실 말이
안 되지.

할아버지는 그런 데서 자유로우셨어요?

그 무렵 나는 이미 꼬장꼬장한 사람으로 소문이 나 있어서 노골적으로 그런 제안을 받은 적은 없었지만, 내게도 물론 그런 로비가 아주 없었던 건 아니야. 어느 공사 임원이 내게 은밀히 찾아와서 자기들이 추진하는 어떤 대규모 토건 사업을 거론하고, 자기들을 도와주면 거기에 따른 혜택이 주어질 거라는 걸 암시하기도 했어. 명시적으로는 돈 같은 걸 드리겠단 이야기는 하지 않았지만 말이야. 그런 회유와 설득에 넘어가서 자기 소신을 굽히고 정부 편에 섰던 대학교수들도 있었어. 그들이 나중에 어디 기관장이 되고, 대학교수로서는 누리지 못했던 경제적 혜택을 누리는 것도 많이 보았지.

언젠가 건설교통부에서 환경전문가들을 불러다가 회의를 했어. 지금까지도 논란이 끊이지 않고 있는 커다란 환경 사업에 대한 것이었고, 거기 구색을 맞추기 위해서 나도 부른 거야. 내가 "지금 역사가 우리를 지켜보고 있다. 하지 말아야 할 것을 하면 나중에 큰일 날 수 있다."라고 한마디를 딱 했는데, 회의장에서 나오는 길에 누가 그러는 거야. "홍 박사, 공식석상에서 그렇게 센 이야기를 하면 어떻게 해요?" 그리고 몇 년이 지나서 정부가 사업 백서를 발표했는데, 거기에 내 이름이 마치 그 사업을 지지하는 것처럼 명단에 들어가 있지 않겠니? 아는 기자가 나한테 전화를 했더라고. 그 백서에서 왜 내 이름이 보이느냐고. 그래서 알아보니, 나는 가서 경고의 목소리만 냈는데 회의에 참

석한 사람은 다 찬성한 것으로 만들어놓았던 것이더라고.

먼 옛날도 아닌데, 왜 그런 일이 발생했을까요?

결국 법규와 매뉴얼의 중요함을 우리가 인식하지 못한 탓이라고 봐. 그건 앞에서 말했던 것처럼 끼리끼리, 네트워크로 굴러가는 문화가 어디든 만연해 있는 탓이겠지. 내 생각에 한 나라가 선진국이 된다는 것은, 규제와 관리의 영역에서 굉장히 치밀하게 제도가 마련되어 있다는 것과 같아. 어느 개인의 재량이나 평가, 혹은 사람들 간의 사적인 친밀함 같은 것이 아니라 규칙과 규정으로 돌아가야 그 조직과 집단의 공공성이 지켜질 테니까. 그런 규정을 정리해놓은 매뉴얼은 선진사회를 상징하는 가장 중요한 텍스트라고 할 수 있어.

내가 처음 미국에 가서 놀랐던 게, 거기는 모든 공적인 업무가 다 규칙으로 굴러가. 학교든, 공공기관이든, 직장이든, 사람들은 각자가 해야 할 일을 엄청나게 두꺼운 파일로 만들어놓아서 그 안에 있는 임무를 딱 수행하는 거야. 사실 그 파일 안의 내용을 다 보지 않아도 누구나 일을 할 수 있지. 그래도 매뉴얼에는 그 자리에 있는 사람이라면 반드시 해야 할 업무를 초등학생이라도 쉽게 이해할 수 있을 만큼 상세하게 설명해두었어. 우리나라에도 경찰서나 어디 공공기관에 가면 매뉴얼이 다 있는데, 신입직원이든 경력직원이든 누가 과연 그걸 읽을까? 우리 사회는 그저 감사 나올 때를 대비해서 형식적으로 만들어둘 뿐이야.

그렇지만 선진국은 캐비닛 안에 개개인의 책임과 권한과 의무 같은 것들을 차곡차곡 정리해두고, 자주 그걸 들여다보고, 그에 맞추어 일을 하지. 매뉴얼이 한 권이 아니라 엄청나게 많은 권수를 자랑하는 경우도 많은데, 누군가의 일이 합리적이라면 그 일의 정당성이 매뉴얼에 다 나와 있어. 사람이 일을 하는 게 아니라 규정과 규칙이 일을 한다고도 표현할 수 있는데, 오히려 그럼으로써 직원들이 일하는 게 훨씬 더 편해지고 정확해지는 거야.

세밀하게 정해진 규정이 무척 중요하군요!

맞아. 그런 곳에서는 실무자가 상관의 눈치를 보거나 정치 논리를 고려하는 대신에 자기가 해야 할 일을 매뉴얼에 따라 깔끔하게 수행할 수 있거든. 해외에서는 무슨 재난 사태가 나오면 현장에서 지휘하는 책임자가 TV 카메라 앞에서 브리핑을 하는 경우를 쉽게 볼 수 있었어. 그 사람이 현장을 제일 잘 알고, 현장의 상황을 가장 명확하게 설명할 수 있으니깐. 우리는 몇 년 전 코로나 질병관리청장 재임 이전까지는 그런 장면을 거의 볼 수 없었단다. 국가적 재난이 터졌는데도 현장에서 책임을 지고 사태 수습을 하는 지휘자가 없었던 거야. 책임 소재를 분명히 한다는 건 정말 중요한 일인데, 그건 한 사회가 공적인 규정과 매뉴얼을 통해서 작동한다는 원칙을 보여주기 때문에 그래. 우리나라의 공무원 사회나 조직 사회에서 "아무 일도 하지 마라", "일하면 다친다" 같은 말이 아직도 나오고 있는 것도 그 때문이야. 책임과 권한에 대한 명확한 가이드라인이 없으니깐 다들 앞에 나서려고 하지 않지.

교통법규를 지키는 것도 마찬가지의 맥락이야. 서구 선진국들의 교통법규는 우리나라 교통법규보다 몇 배는 더 촘촘해. 그걸 들여다볼 사람은 아무도 없겠지만, 내가 건전한 상식인으로서 운전한다면 그 법규에 저촉되는 것이 하나도 없을 거야. 그만큼 정확하면서도 누구에게나 공정하게 정해져 있는 규칙이니까. 만약 누군가가 법규를 지키지 않아서 교통사고가 났을 때 책임 소재를 가리기도 쉬워. 자기 실수를 인정하기도 쉽고, 상대가 잘못했다고 지적하기도 쉽고. 그런데 우리나라는 아니야. 작은 접촉 사고에도 길 위에서 내가 옳았느니 네가 옳았느니 시비가 번지고, 그중에서 꼭 더 켕기는 놈이 소리를 바락바락 지르면서 '법대로' 하자고 그래. 많은 사람이 그런 모습을 보이고 있다는 건 결국 법과 제도에 구멍이 숭숭 뚫려 있다는 말일 테고, 그건 사회가 명문화된 매뉴얼로 돌아가는 데 실패하고 있음을 보여주는 것이지.

켕기는 사람이 법대로 하자는 게 참 안타까워요.

기본적으로 우리는 사회를 불신하기 때문이야. 그러니 우리 사회에서는 오랜 시간 동안 만들어놓은 법에 대한 신뢰도가 상당히 낮아. 법은 공정한 것이라기보단 네 편, 내 편을 가리기 위한 도구의 역할에 가깝다고 생각하는 사람들도 여전히 적지 않아. 그런 사회에서 우리는 나와 인연이 있다거나 내 편을 들어줄 만한 사람, 내 가족 같은 끈끈한 사람을 대한민국 공동체보다 더 신뢰할 수밖에 없는 노릇이야.

리아야, 안타깝게도 우리 한국 사회는 아직 남을 믿지 못하는 사회란다. 공인된 국제기구나 단체에서 국가별 신뢰 지수 같은 것을 조사해 발표하면, 그래도 좀 괜찮게 산다 싶은 나라 중에서는 언제나 거의 꼴찌 수준이지. 사회의 신뢰 수준이 낮다는 건 결국 우리가 아무것도 실천하지 못하게 만드는 근본적인 이유라고 해도 좋아. 그런 사회에서는 결국 지구를 지키는 일은커녕 그 어떤 긍정적인 변화도 가능하지 않아. 우리는 앞으로의 기후 문제를 극복하기 위해서 이런 체질부터 개선하지 않으면 안 될 거야. 서로 거짓말을 한다고 여기는 사회, 함께 정해둔 규칙과 규정조차 지켜지지 않는 게 자연스러운 사회에서 무슨 일이 제대로 될 수 있겠니?

우리나라 사람들이 남을 믿지 못한다니…. 정말 의외예요, 할아버지. 그런 사회에선 역시 환경을 지키는 일에도 사람들의 의견이 모이기 힘들 것 같아요.

그렇단다. 요즘 쟁점이 되고 있는 사례를 하나 들어볼까? 전 세계 환경오염의 원인 중에서 최상위권으로 꼽히는 문제가 패션 산업인 걸 아니? 이 산업은 전 세계 탄소 배출의 약 10퍼센트를 차지할 만큼 많은 에너지를 쓰고, 또 최근엔 미세플라스틱의 발생 원인 1위가 옷을 만드는 데 쓰이는 합성섬유라는 발표도 있었어. 대형 의류 회사들이 패스트 패션의 흐름을 타고 저가형 옷들을 마구잡이로 찍어내고 있는데, 멀쩡한 새 옷이 1초에 2.6톤씩 버려진다고 하니 과연 그 규모를 알 수 있지?

그럼 어떻게 이 문제를 해결할 수 있을까? 프랑스에선 생산자재활용책임제도 같은 걸 만들어서 함부로 재고상품을 폐기하지 못하게 하고, 사회적 기부를 통한 재사용이나 재활용을 의무화하도록 하는 법을 만들었단다. 독일의 순환경제법은 패션 재고 폐기 시 폐기 제품의 양을 의무적으로 보고하게 규정해두었고 말이야. 그럼 우리나라는 어떨까? 당연히 그런 법이 도입되면 좋겠지만, 아직은 갈 길이 멀단다. 이 제도들이 저 나라들에서 자기 사회 시스템에 맞게 심사숙고해서 만든 제도라는 것을 인정하는 것도 필요해. 그런 제도가 가능하려면 패션 산업에서 매해 생산량이 얼마고, 올해 어느 회사가 몇 톤을 팔고 몇 톤이 재고로 남았다는 게 수치화되어 정부에 보고되어야 하는데, 과연 우리나라의 현재 시스템에서 그것이 가능할까?

내가 지금 이런 이야기를 하는 이유는, 어떤 이슈를 제대로 해결하기 위해서는 지금보다 더 투명한 사회, 서로를 더 신뢰할 수 있는 사회가 되는 것이 얼마나 중요한지를 네게 말해주기 위해서야. 해외의 좋은 정책이 우리 사회에 정착할 수 있는 제도인지 아닌지, 어떻게 변형시켜 적용해야 할지에 관한 세심한 연구와 검토가 필요하다는 것이지. 한 사회의 경제적 수준과 국민 의식 수준, 사람들의 기대치 같은 것들을 두루 살펴서 우리 사회에 합당한 환경 보전 방안 중 하나로 정책을 개발해야 하고, 또 그렇게 만들어진 정책은 반드시 지켜져야만 하겠지.

서로 믿을 수 있는 사회를 만들기 위해 모두가 더 노력해야겠네요.

맞아. 서로 간의 신뢰를 탄탄하게 구축해나가기 위해서 우리 사회가 어떻게 체질을 개선해야 할까? 우리는 무엇부터 신경

써야 할까?

　이번에는 네게 태풍 이야기를 들려주고 싶어. 슈퍼태풍에
관해서 들어보았니, 리아야? 이산화탄소 배출이 늘면서 기후변
화가 심화되면 엄청난 힘의 초강력 태풍, 즉 슈퍼태풍이 늘어
날 것이라는 점은 여러 연구가 입증하고 있어. 1970년대 말 이
후 동아시아와 동남아시아를 강타한 태풍이 점점 더 강력해지
고 있다는 논문도 국제적인 과학 잡지들에 종종 실리곤 했지.
그래서 우리가 이산화탄소 배출을 줄여야 한다는 것을 모르는
사람도 없을 거야.

　전 세계적으로 지난 20년간 기후재난 발생 건수는 연평균
400건에 달하고 있어. 연간 90~100건의 기후재난이 발생했던
1970~2000년 시기와 비교하면 4배가 넘는 수치라는 UN의 발
표도 얼마 전에 있었지. 그 영향으로 인한 GDP 손실과 인명 피
해는 선진국에 비해 개발도상국들에서 감당해야 할 부분이 훨
씬 더 심각할 것이라는 사실도 자명해. 우리나라의 경우엔 그런
대표적인 기후재난이 바로 슈퍼태풍이라고 할 수 있어.

　아, 저도 어렸을 때 슈퍼태풍 뉴스를 봤던 게 기억나요.

맞아. 많은 사람들이 그 위험을 이야기하고 있지. 그런데 우리
가 기후재난의 심각성과 그 위기에 말하면서, 지금 그런 재난

에 대해서 우리가 얼마나 실질적으로 대비하는 쪽으로 만들어 가고 있는지 나는 의문이 들 때가 많아. 우리는 탄소 배출을 줄여야 한다는 당위적인 명제에 매달리면서도 오히려 우리가 정말 변화시킬 수 있는 것, 변화시켜야 하는 것을 외면하고 있는 건 아닌지 말이야.

2002년과 2003년, 많은 인명을 앗아가고 수조 원의 피해를 남긴 루사와 매미 이후 우리나라에 그런 심각한 태풍 피해가 없어서일까? 나는 부산 해운대에 갈 때마다 이상한 사실을 발견한단다. 한편에선 머지않아 슈퍼태풍이 몰아칠 것이라고 그렇게 목소리를 높이면서도, 다른 한편으론 해운대 바닷가 바로 10미터 앞에 50층짜리 제일 비싼 타워형 아파트를 지어둔 걸 보곤 하지. 집값도 정말 비싼 아파트야. 한두 채도 아니고, 그런 아파트들이 해운대 앞 해안가에 그득해. 이렇게 말하기는 조금 민망해도, 내가 아는 부산의 대학교수님들, 기후 위기 전문가들, 말하자면 슈퍼태풍을 외치는 분들 또한 거기에서 살고 있어. 나와 인연이 있는 분이 계셔서 직접 그 아파트에 찾아가기도 했었단다.

그곳 아파트는 좀 어땠어요?

전망이 정말 기가 막혔지. 그래서 그처럼 바다가 한눈에 내려다 보이는 집이 가장 비싸기도 할 테고. 그런데 문제가 있었어. 그 집에서는 창문을 열지 못해. 하도 바람이 심해서 말이야. 아주 조금만 열어도 바람 소리가 너무 심해. 바다를 보려면 거실이 남쪽과 서쪽을 향해야 하는데, 1년 내내 창문을 열지 못하니 사람이 더워서 살질 못해. 그럼 어떻게 할까? 에어컨을 1년 내내 쌩쌩 트는 수밖에 없지. 그 냉난방에 드는 에너지에 관해서는 우리가 어떻게 생각할 수 있을까? 언젠가는 그렇게 센 태풍도 아니었는데, 워낙 바람이 강하다 보니 아파트 유리창에 금이 간 집도 여럿 있었고, 주민들이 쉬쉬하고 있다는 말도 들려왔어. 그런 아파트의 지하 주차장엔 태풍 때 바닷물이 넘어와서 침수 사고가 이어지기도 했고.

슈퍼태풍이 몰아닥치면 정말 위험할 것 같아요.

그러니까, 우리에게 제일 필요한 것은 어쩌면 기후재난에 대한 강력한 우려의 목소리가 아닐지도 몰라. 바닷가에 가까운 아파트를 지을 땐 훨씬 더 신중하게 접근하는 자세가 우선이라는 거지. 50평으로 할 것을 30평으로 아파트 규모를 낮추고, 바닷가에서 10미터 떨어뜨릴 것을 30미터 떨어뜨리고 하는 세심한 정책 방향, 개발의 기조가 필요한 것 아닐까? 그것은 물론 지역의 개발업자들과 정치인들의 탓이라고 생각할 수 있겠지만, 이

것이 오직 그들만의 문제일까? 바닷가 아주 가까운 곳에서, 또 아주 높은 위치에서 바다를 전망하고 싶은 사람들의 욕망은 과연 얼마나 정당하다고 볼 수 있을까?

거기다가 지난 수십 년간 우리나라 제2의 도시라는 부산에서는 이곳의 일부 정치인들과 기업들이 결탁해 벌였던 난개발 문제가 정말로 심각하단다. 우리는 그렇게 바닷가 최인근에 지어진 초고층 아파트를 보면서 무슨 생각을 할 수 있을까? 그런 주거 공간에는 돈과 정치의 관계, 토건의 그림자뿐만 아니라, 보통 사람들의, 바로 우리들의 욕망이 깃들어 있는 건 아닐까, 그런 생각을 하곤 했지.

결국 우리 사회가 다 같이 노력해야 하는 문제겠네요.

그렇단다. 나는 그런 아파트에 사는 환경전문가와 이 분야의 교수가 그렇게 나쁜 사람이라고 생각하진 않아. 그러나 "기후위기에 대비해야 한다", "기후변화 때문에 대한민국이 큰일 났다"라는 당위적인 주장을 외치면서 그런 아파트에 사는 건 역시 모순적이라는 생각이 들 수밖에 없어. 대학이나 연구원에 계신 분들은 공감할 텐데, 보통 낙관론보다는 비관론을 강하게 이야기하고, 무엇이든 우리나라가 큰 피해를 받을 거라고 말을 해야 연구비가 많이 나오는 건 사실이야. 물론 그런 연구가 필요 없다거나 틀렸다는 말이 아니란다. 그만큼 전문가든 비전문가든, 우리의 진짜 삶과 동떨어져 있는 주장을 외치기는 쉽다는 말이야. 그런 주장만 가득하면 사람들은 오히려 환경문제에 대해 더 냉소적으로 변하기도 쉬울 테고.

이렇게 말한다고 해서 내가 과학자들과 전문가들이 내는 목소리가 다 필요 없다고 생각한다고 오해하지 않았으면 좋겠어. 지난 40년이 넘는 시간 내가 만나고 얘기했던 대다수 환경 전문가들의 진정성을 나는 항상 높이 사고 있단다. 다만 우리가 우리의 현실, 우리의 실제 생활에 입각해서 정말로 기후재난의 문제에 어떻게 대응해야 할지에 관해서는 더욱더 진지하게 고민해나가야 해. 가장 중요한 것은 이 땅에서 살아가는 우리 자신이니깐.

말씀을 들으니, 저도 더 여러 가지를 생각하게 되는 것 같아요.

이번에는 너에게 좀 더 친숙한 이야기를 들려줄게. 2018년 우리나라에서 열렸던 평창 동계올림픽에 관해서 말이야. 리아야, 사실 나는 평창올림픽에 반대했단다. 나는 올림픽을 개최하기 훨씬 전에 열렸던 어떤 환경전문가 모임에서 강연을 한 적이 있었고, 그때 내가 이 올림픽에 반대하는 이유를 쫙 펼쳐놓았지. 지금 온난화가 심각하게 빨리 진행되고 있는데, 평창에서 동계올림픽을 개최하는 건 여러모로 말이 되지 않는다고 주장했단다. 올림픽 당시에도 이야기가 많았지만, 평창에는 눈이 굉장히 부족해. 이미 오래전부터 이 부근의 겨울 적설량이 눈에 띄게 줄어들고 있었거든. 올림픽 개최 이후 10년, 20년이 더 지나면 평창이든 강원도 어디든 진짜 눈이 없어지게 되는 상황이야. 이럴 때 기후변화에 대응하는 대신 올림픽을 위해 그처럼 막대한 돈을 들여 시설을 짓는 게 나로서는 이해가 되지 않았어.

그러니깐 거기 계신 분들이 뭐라고 하던가요?

그랬더니 다들 웃고 말더라고. 사적으로는 나에게 동의한다는 의견들도 많이 들었어. 그렇다면 학회 차원에서, 우리가 동계올림픽을 개최할 만한 나라가 아닙니다, 그렇게 한번 정부에 건의해보는 일이 있었을까? 없었어. 이처럼 자기가 발표하는 것과 실제 자기 생각은 다른 것이지. 그건 왜 그랬을까? 바로 올림픽 개최에 대한 열렬한 국민 여론과 정부의 의욕이 있었으니깐. 또 전문가라고 해서 자기 생각을 언제나 솔직하게 말할 수 있는 것도 아니고.
　어쨌든 기후재난은 심각하고, 앞으로 점점 더 심각해질 것이며, 우리는 전 세계적으로 비상한 상황에 살고 있다는 것도 맞아. 그러나 그 해결책이 거창하거나 비상해야 할 필요가 없어. 우리의 대응책은 훨씬 더 조용하고 실용적이어야 해. 아파트 거실에서 바닷가를 내려다보는 개인적인 욕망을 조금만 참거나, 별로 눈이 내리지 않는 땅에서 전 세계적인 축전을 개최하려는 것을 조금만 참거나 하는 식으로 말이지. 그렇게 나부터 바뀌는 게 먼저고, 내가 바뀌면 그런 움직임이 조금씩 모여서 언젠간 세상이 바뀔 수 있을 거야.

역시 우리 한 사람 한 사람의 생각과 움직임도 중요하네요. 부디 우리 사회의 신뢰도가 좀 더 높아질 수 있으면 좋겠어요.

나도 그래. 그런 면에서 마지막으로 네게 한 가지 물어볼게. 혹시 너는 수돗물을 마시니, 리아야?

아니요! 수돗물은 그냥 씻는 용도 아닌가요?

내가 아는 어떤 환경학자도 수돗물을 그대로 먹는 사람을 못 봤어. 그런데 나는 어디서든 마신다. 산책하다가도 개수대 수도꼭지에서 마시고, 건물 화장실에서도 물을 마시는 일이 아무렇지 않아. 사실 난 편의점에 가서 생수를 사는 사람들이 잘 이해가 되지 않아. 그런데 주위에서는 오히려 이런 나를 보고 깜짝깜짝 놀라더라고.

앗…. 불안하지 않으세요, 할아버지?

맞아. 우리 집도 너희 할머니가 불안해해서 친환경 간이 정수기를 쓰긴 해. 그런데 사실 수돗물은 정말로 깨끗해. 환경과학자의 입장에서 보면 우리나라 수돗물은 완전 멸균 처리가 된 것임은 물론, 완벽한 수질검사를 통과한 정부 공인 음용수란다. UN의 국가별 수질지수에 따르면 한국의 수돗물은 세계 8위 수준의 수질이고, 2012년 세계 물맛 대회에서는 7위에 오르기도 했지. 또한 칼슘과 칼륨, 나트륨, 마그네슘 등 각종 미네랄이 풍부하게 들어 있고.

그럼에도 사람들은 지난 10년 전, 20년 전에 일부 지역에서 발생했던 수돗물 수질오염 문제의 트라우마 때문인지 여전히 수돗물 마시기를 기피해. OECD에서 발표한 국가별 통계를 살펴보면 수돗물 직접 음용률은 51% 수준이야. 네덜란드가 87%로 가장 높았고, 대부분의 국가가 40% 이상이 수돗물을 그대로 마시고 있다고 해. 우리나라는 수돗물을 끓여서 마시거나 정수해서 마시는 비율이 30에서 40%를 기록해서 그리 낮은 건 아니지만, 끓이지 않고 그대로 마시는 비율은 5% 남짓밖에 되지 않아. 세계 최하위 수준인 거지.

저는 처음 안 사실이에요.

나는 사람들이 집 바깥에서 페트병에 든 생수를 사서 마시는 걸 말릴 생각은 없어. 다들 수돗물을 믿을 수 없어서, 혹은 가정용 정수기가 너무 비싸서 생수를 마시겠지. 그렇지만 플라스틱 폐기물 배출에 이처럼 신경을 많이 쓰는 사회에서, 다들 수돗물을 믿지 못해 플라스틱 용기에 든 생수를 애용하는 건 한번 생각해볼 만한 일이 아닐까? 한 사람당 1일 2L 마시는 걸 기준으로, 수돗물의 탄소 발생량은 생수의 0.1% 수준에 불과하다고 해. 지구의 미래를 위해서 무언가를 실천하고 싶은 사람들은 한 번쯤 되새겨야 할 수치겠지.

　내가 이렇게 말한다고 해서 당장 생수에서 수돗물로 갈아탈 사람들은 별로 없을 거야. 앞에서 말했던 대한민국의 낮은 신뢰 지수와 이건 조금 다른 성격의 이야기일 수도 있겠지만, 크게 봐서는 같은 범주라고 나는 생각해. 사회를 믿는다는 것은 역시 쉽지 않은 일이야. 환경학적으로 말한다면, 나는 그것을 수돗물을 마시지 못하는 사회라고 표현하고 싶어.

못생긴 채소를
사랑하는 마음

5

수돗물에 대한 할아버지의 말씀 잘 들었어요. 우리가 매일매일 접하는 식탁은 어떨까요? 먹는 일이 워낙 중요하다는 이야기를 저도 많이 듣곤 했어요. 농업이나 축산업도 환경오염에 영향을 많이 미친다는 뉴스도 봤고요.

그렇구나, 리아야. 네가 그렇게 말해주어서 반갑구나. 먹는 일도 내가 앞에서 했던 이야기와 통한단다. 우리의 식생활은 워낙 중요하고, 그래서 우리는 이 문제에 더 주의를 기울여야 해. 그게 우리 건강을 지켜줄 수 있고 또 우리 자연을 지킬 수 있는 길이 될 수 있으니까. 네 말대로 농·축산업은 우리나라 자연환경에 미치는 영향이 무척 크거든. 식생활 차원에서 우리 삶의 질과 국토의 여건을 더욱 꼼꼼하게 들여다보는 일은 우리 환경을 살릴 수 있을 거야. 우리가 다 같이 지구의 미래를 고민하는 일에서도 빼놓을 수 없는 문제일 거고.

무엇보다도 우린 조금 더 다양하게, 조금 더 양질의 식품을 찾아서 먹을 때가 되었어. 사람들의 입맛과 취향도 조금 더 고급스러워지고 다양해질 필요가 있고, 정부가 그런 방향으로 우리 먹거리를 더욱 세심하게 관리하는 것도 중요해. 우린 더이상 가난하지 않단다. 아직도 우리 사회 전반에 남아 있는 '싼것이 좋고, 이왕이면 푸짐한 게 좋다'는 인식은 이제 버려야 해. 왜냐면 그런 인식이 우리 자연을 망치고 있기 때문이란다.

왜 값싼 먹거리가 자연을 망치는 거예요?

농업부터 이야기해볼까? 우리나라 밭은 단위면적당 생산량이 세계에서 제일 높단다. 어떻게 그런 일이 가능할까? 비료와 농약을 듬뿍 치니깐 그렇게 된 거야. 우리나라는 평지가 적어서 워낙 노동집약적으로 농산물을 생산하고 있어. 평야가 많은 여느 나라들과 달리 우린 작은 면적에서 이런저런 작물을 재배해야 하니까 농부가 손을 많이 댈 수밖에 없지. 나도 주말이면 작은 밭에 텃밭 농사를 짓고 있지만, 농사짓는 사람들이 하나같이 하는 말이 이 일에서 가장 힘든 일이 잡초를 제거하는 거라고 하거든. 잡초가 자라면 농산물과 섞여 품질도 나빠지고, 곤충도 많이 몰려오고, 수확하는 데도 정말 힘이 들지. 그러니깐 농약을 많이 뿌려서 딱 그 작물만 살리는 방식의 농사를 짓고 있어. 우리나라가 세계에서 비닐하우스가 가장 많은 나라, 비닐하우스 안에 단위면적당 농약 비료 살포량이 제일 많은 나라가 된 건 그 때문이란다. 1970년대 말부터 우리나라에서 수질오염 문제가 해결이 안 되는 원인을 내가 참 많이 고민하고 탐구했는데, 우리 농업에 따른 환경오염이 심각한 건 부정할 수 없는 사실이었어. 특히 우리나라는 경사진 비탈에 농지가 아주 많은데, 거기 뿌려진 비료와 농약은 비가 오면 싹 다 쓸려서 하천으로 가게 되는 것이 분명하거든.

좁은 국토에서 농사를 지으려면 그렇게 비료와 농약을 무리해서 칠 수밖에 없다는 말씀이지요?

맞아. 그렇지만 여기서 너에게 먼저 말해주고 싶은 건, 농작물 품종개량, 화학비료 사용, 살충제와 제초제 살포, 농기계 활용 등등의 현대적인 농업기법들이 적극적으로 도입되었기에 우리나라 사람들이 굶주림에서 벗어날 수 있었다는 거야. 녹색혁명은 인류를 기아에서 해방시켰고, 이 혁명에서 최고의 혜택을 받은 나라가 바로 우리나라야. 그래서 나는 무조건 친환경 유기농 농산물이 옳다고 생각하는 건 아니야. 그렇지만 이제 우리나라는 식량의 대량생산이란 관점에서 조금 벗어날 때가 되었고, 예전과는 다른 관점으로 이 문제를 바라봐야 한다고 생각해. 무엇보다도 우리나라에선 이미 너무 많은 쌀이 생산되고 있어. 너도 들어보았을지 모르겠지만 우리 국민이 먹는 쌀보다 훨씬 더 많은 쌀이 매년 생산되고 있어. 창고에 보관되어 있는 쌀만 해도 이미 몇 년 치가 넘쳐서 더 이상 저장이 힘들 정도야. 오죽하면 정부가 농민에게 쌀을 더 이상 생산하지 못하도록 벼 농사를 포기하면 지원금을 주고 있겠니?

그렇다고 농사를 짓지 않고 우리 식량을 다 수입할 수도 없을 테니, 어려운 문제네요.

우리나라의 주곡은 쌀이고, 식량 주권 차원에서도 먹을 수 있는 만큼의 쌀을 우리가 생산해야 하는 건 맞아. WTO 자유무역 체제하에서 우리 농민을 보호하는 것도 중요하고. 그래서 지금도 다양한 조치들이 취해지고 있지. 지금 우리가 마트에서 구매할 수 있는 식용 쌀은 오직 우리나라 쌀이고, 그보다 훨씬 값싼 외국산 수입 쌀은 술이나 떡을 만드는 데 쓰이거나 동물의 사료로 사용되고 있지.

그렇지만 이런 보호 조치에는 한계가 있고, 또 이렇게 자국에서 생산된 쌀을 강조하는 일에서 그치면 앞으로 국민 밥상에 오를 만한 양질의 다양한 쌀이 경작될 수 있다는 보장이 없어. 앞에서 내가 줄곧 강조했던 게 우리가 일상생활을 좀 더 다채롭고 섬세하게, 자기만의 방식으로 더욱 여유롭게 꾸려가는 방향이었던 걸 기억하지? 그건 우리 식탁에서도 마찬가지야. 아니, 다른 어느 부분에서보다도 식탁에서 가장 앞서 구현되어야 하는 것이겠지.

결국 우리 정부와 농부들이 더 노력해야 하지 않을까 싶어. 지자체별로 자신들의 농산물과 식품 브랜드를 좀 더 세련되게 키우고, 품질 관리에도 더욱 세심한 주의를 기울여야 해. 조금 더 비싸더라도 저농약, 저비료로 생산된 농작물을 먹는 일을 시민들이 수용하고, 그 대신 농업에 생업으로 종사하는 분들에게는 일정한 이윤을 보전해주는 사회적 시스템이 필요하다고 봐. 그래서 농민들은 더욱 친환경적으로 경작하는 방식을 고민하고, 더 좋은 품종의 종자를 개발하려는 노력을 기울여야 할 거야. 중앙정부와 지자체가 바로 그런 흐름을 독려하고, 우리 소비자들도 그렇게 '양'보다 '질'을 더 따지면서 먹거리를 선택하는 방향으로 나아가야겠지.

농약과 비료는 건강에 괜찮은가요?

앞서 내가 살충제와 제초제를 적극 활용하는 기계식 농업 혁명의 흐름을 긍정적으로 말한 걸 기억하지? 그렇지만 농약과 비료를 쓰는 것은, 우리가 아무리 극미량을 섭취하더라도, 장기적으로 몸 안에 쌓이면 인간한테 안 좋을 수 있어. 특히 아이들의 건강에 어떤 영향을 미치는지, 또 그렇게 길러진 농작물을 먹고 성인이 되었을 때 어떤 질환이 발생할지 우린 아직 그 메커니즘을 완전히 다 파악하지는 못했단다.

아직까지 전 세계적으로 우려할 만한 사태가 벌어진 적은 없어. 그럼에도 특히 농수산물은 다른 의약품이나 화학물질과 또 다르다는 인식은 중요해. 우리가 매일매일 먹어서 몸속에 축적하는 것이니 말이야. 만약 무슨 문제가 터지면 정말 위험할 테니 늘 주의를 기울여야겠지. 또 지나치게 세대를 단축해 품종을 개량시킨 유전자조작 식품에 대해서도 같은 말을 할 수 있을 거야. 그러니깐 국민 건강의 차원에서도. 농부들과 정부가 머리를 맞대고 고민해야겠지. 특히 정부의 역할이 중요해. 이런 먹거리에 관한 관리·감독은 정부 기관과 정부 소속 연구소에서만 담당할 수 있으니깐. 그리고 이런 정부 기관의 활동을 외부에서 다시 감시할 수 있는 시민단체들의 역할도 대단히 중요하고, 이런 제3섹터 중에서도 특히 공공 싱크탱크(think tank)와 공공 연구기관의 역할 또한 더 확대될 필요가 있어.

그런데 할아버지, 여전히 경제적인 여유가 없어서 싼 음식밖에 찾지 못하는 사람들도 많지 않을까요?

정말 좋은 질문이야, 리아야. 분명 그런 사람들이 우리 사회에는 너무도 많아. 그럼 어떻게 해야 할까? 정부는 그들에게 적절한 금전적 지원과 복지 서비스를 제공해서 사회 전체가 더욱 양질의 식생활을 누리게 해야 할 거야. 우리 사회 구성원 누구를 막론하고 모두 다 더욱 질 좋은 밥을 먹을 수 있게끔 경제적 지원을 하는 건 사회복지 영역이라고 할 수 있는데, 그래서 나는 이런 복지 문제가 곧 가장 중요한 환경문제라고도 생각한단다. 아무리 가난한 사람이더라도 먹거리에 관해서는 차별 없이 더욱 안전하고 보다 친환경적인 식품을 먹을 수 있게 돕는 것이 우리 공동체의 목표가 되어야 해.

복지가 곧 환경 이슈와도 연결된다는 말씀이네요.

물론 아프리카나 아시아의 최빈국들은, 내가 어렸던 그때 그 시절의 우리나라처럼 녹색혁명의 수혜를 아직은 더 누려야 할 거야. 환경을 조금 파괴하더라도, 먹거리의 품질이 다소 낮더라도, 일단 사람들이 굶어 죽어서는 안 되니깐. 그런데 그런 나라는 그런 나라더라도, 우리는 어떨까? 우리나라는 달라졌어.

과거보다 훨씬 윤택해졌고, 이제 국민 대다수가 건강을 위해서는 조금 더 돈을 쓸 수 있다고 생각하는 부자 나라가 되었지. 나는 농업 분야에서도 이런 시대적인 흐름과 국가의 발전상을 더욱 적극적으로 받아들여야 한다고 생각해. 그러려면 생산자와 소비자, 그 쌍방의 관리, 감독을 책임지는 중앙정부와 지방자치단체, 그리고 이런 정부를 감시하는 시민단체들 사이의 상호 신뢰도 정말 중요할 거고.

우리는 이제 더 나은 먹거리를 고민할 때가 된 거라고 할 수 있네요.

정확해. 나는 환경과 기후에 관해 이야기하기 이전에 지금 여기서 살아가는 너의 행복, 너의 미래에 관해서 이야기하고 싶다고 말했잖니? 너의 건강과 행복을 가장 먼저 신경 쓰는 게 우리 지구를 지킬 수 있는 길이 될 수 있다는 걸 말하고 있고, 또 이 시점의 대한민국의 기후·환경 패러다임은 바로 그러한 접근법을 따라야 한다고 강조하고 있잖아. 그렇게 '너의 삶에 담긴 지구'라는 나의 이런 생각은 바로 밥상의 변화, 식탁 위의 실천에서 가장 뚜렷하게 드러난다고도 할 수 있어. 거대한 기후위기 때문에 무엇 무엇을 줄이자든지 애써 불편함을 감수하자든지 하는 것보다는, 국민의 건강을 위해서, 그리고 그 누구보다도 리아 너의 건강을 위해서 우린 우리의 농업을 바꿔나갈 필요가 있어. 나는 축산업, 즉 고기의 문제도 이런 맥락에서 생각한단다.

고기를 먹는 일도 환경을 많이 파괴하나요?

농사를 짓는 것보다 훨씬 더 심각하게 파괴해. 그래서 고기를 먹는 일에 대해선 우리 모두의 더 세심한 관심이 필요해. 환경적인 차원에서 말한다면, 우리 국민의 식수원인 4대강이 1980년대 들어서부터 매우 심각하게 오염되기 시작했다고 앞에서도 말했지. 그런 수질오염의 원인에는 농경지와 도심에서 쏟아지는 하수와 공장에서 내뿜는 폐수도 큰 비중을 차지했지만, 전국에 산재한 축산단지에서 발생하는 폐기물과 오·폐수가 미치는 영향은 정말 엄청났단다.

거기다가 전 세계의 기후 위기에 관해서는 말할 것도 없지. 축산업이 지구에 온실가스를 배출하는 양은 어마어마하고, 그래서 축산 분야의 환경적 악영향은 수질뿐만 아니라 기후변화와 생물 다양성, 산림 파괴와 사막화 등 다양한 분야에 걸쳐 있어. "햄버거 하나를 먹을 때마다 아마존 열대우림 1.5평이 사라진다."라는 유명한 말이 있을 만큼 이 산업은 막대한 양의 자원을 소모하고 상당한 양의 폐기물을 발생시키기 때문이야. 거기다가 지구의 많은 사람이 여전히 기아에 시달리는데, 축산업은 전 세계 곡물 수확량의 3분의 1을 소비하고, 축산지와 가축의 사료로 쓰이는 농작물을 재배하는 면적을 합하면 지구상 가용 토지 면적의 30%가 될 정도라고 해.

와, 저는 그렇게까지 심각한 줄 몰랐어요. 그럼 이 문제를 어떻게 바라봐야 할까요?

그렇지만 내가 이렇게 말한다고 해서 네가 당장 육식을 끊거나 그러길 바란다는 건 아니야. 사람들에게 당장 그런 행동을 요구하는 일도 현실적이지 않을 거고. 나도 젊을 때는 고기를 참 좋아했고, 아이들이 어렸을 때부터 동물성 단백질을 꾸준히 섭취하는 일은 참 중요하다고 생각해.

그렇지만 산업화된 축산업의 공장식 사육, 현대적인 밀집형 가축사육시설(CAFO)이 얼마나 많은 이산화탄소, 메탄, 이산화질소, 암모니아를 뿜어내는지를 정직하게 인식하는 일은 필수적이겠지. 또 이런 시설에 갇혀 있는 가축들의 동물권에 대한 관심도 점점 늘어나고 있고, 그래서 사람들은 방목해서 키우는 일에도 관심이 많아졌어. 많은 연구자들도 그렇고, 나도 가축을 방목해서 키우는 일이 그나마 탄소를 순환시키고 토양을 재생할 수 있는 좋은 방안이라고 생각해. 그렇지만 문제가 있어. 우리나라는 가파르고 비좁은 국토에다가 다른 나라에는 없는 태풍과 장마 등의 기후 탓에 방목을 할 수 있는 조건이 안 되거든. 그래서 강원도 대관령 등 몇몇 곳에서만 극히 제한적으로 방목의 방식을 채택하고 있는 실정이야. 그래도 공장식 감금 사육을 넘어서는 이런 대안에 대한 고민은 계속 필요할 거라고 봐.

우리나라가 가진 환경적인 제약이 여기서도 또 등장하네요!

그렇지. 이렇게 축산업 자체가 힘든 나라에서 처음 소고기, 돼지고기를 맘껏 먹을 수 있었을 때 사람들이 얼마나 기뻤겠니? 내 생각엔 우리나라 국민들이 일상적으로 배고픔에 허덕이던 국가적인 기아 상태, '내셔널 헝거'가 1970년대 중반까지도 계속되었어. 그 이후엔 축산업이 차차 자리를 잡게 되고 육류 가격도 점점 내려갔지. 지금 생각하면 그땐 우리나라 사람들이 육식의 황홀함에 아주 열광했던 것 같아. 나도 고기를 참 많이 먹었고. 이후 1980년대, 1990년대가 되면서 일상적인 배고픔이 사라진 시대가 되었는데, 그 사이에 우리 사회가 어떻게 바뀌었는지 아니? 사회 전체가 고기를 더 많이 먹어야 더 건강해지고, 우리나라 사람들이 선진국 국민들에 비해 고기 소비가 적다는 등의 이야기가 많아졌어. 그런 목소리의 영향력이 워낙 커져서 계속 사람들이 고기를 먹도록 부추기고, 전반적인 사회 분위기가 육식을 더 선호하는 추세로 나아가게 된 거야.

그러나 문제는 과잉된 분위기였어. 고기도 고기 나름이야. 무조건 육류라고 해서 예찬하는 그런 분위기는 분명 지양되어야 해. 과거처럼 고기를 많이 먹을 땐 무조건 값싼 고기가 최고였더라도, 지금처럼 먹고살 만해지면 사회적인 추세가 달라져야 하는 거야. 그게 우리나라 전체가 건강해지고 환경도 살릴 수 있는 길이니깐. 더군다나 지금은 영양실조가 사라지고, 비만이 유행하는 세태가 되었잖니? 요즘 와서 비만에 시달리는 아이들이 많아졌다는 것도 맞는 것으로 보여. 우리 사회 전체적으로 영양 과잉 상태, 상시적인 영양 불균형 상태가 된 거야.

육류를 과다하게 섭취하면 여러 부작용이 나타나고, 이는 국민 건강 차원에서 봤을 때도 악영향이라고 할 수 있어. 이런 건 달라져야 한다고 봐. 선진국에서 활발한 육식을 줄이자는 흐름, 채식을 선호하는 흐름이 아직 우리 사회에선 자리를 잡지 못하고 있어. 서구에서는 이제 붉은색이 나는 고기류, 즉 소고기와 돼지고기를 아예 기피하거나 가급적 덜 먹고자 하는 가정들도 참 많거든. 이와는 대조적으로 우리나라에서는 햄버거와 치킨 등 값싼 정크푸드와 동물성 단백질을 밤마다 즐겨 먹는 아이들이 점점 더 늘어나고 있는데, 요즘에는 채소 먹으면 죽는 줄 아는 아이들도 많은 것 같더라니까? 하하.

확실히 요즘 저희는 고기를 많이 먹는 것 같기는 해요.

아이들에게 동물성 단백질을 잘 먹이는 건 중요하지만, 우리가 그 단백질의 품질에 대해서 얼마나 신경 쓰고 있는지도 세심하게 체크해야 할 거야. 과거 우리나라에 급식 제도가 처음 도입될 땐 말도 많았지만, 그 시스템이 지금은 참 잘 갖춰져 있어. 외국에서 와서 견학도 하고 우리 시스템을 배워가려고도 하지. 지금 아이들한테 친환경 농산물을 조금이라도 더 먹이려고 애쓰고, 싱싱한 채소를 공급하려고 노력하는 지자체도 점점 더 늘고 있어. 그동안 그렇게 하기 어려웠던 이유는 질이 낮은 단백질보다 이렇게 유기농으로 키운 채소가 훨씬 더 비쌌기 때문이야.

그런데 최근에 들어서 문제가 되었던 게, 기후변화라든지 여러 이유들 때문에 농작물 가격이 치솟아서 학교에서 애들한테 채소를 풍부히 먹일 수 없다는 소식이 들려오는 거야. 급식비 한도가 정해져 있으니깐 말이야. 그런데도 고기를 무조건 먹여야 된다는 생각, 고기를 안 주면 아이들에게 무언가 잘못하고 있다는 생각이 있으니 어떻게 했겠어? 동물성 원재료가 포함된, 햄이나 소시지 같은 값싸고 질이 나쁜 가공식품을 반

찬으로 내놓는 거야. 그래서 이게 과연 옳은 것이냐 하고 사회
적으로도 말이 많지.

　　고기도 다 같은 고기는 아닐 테니깐요.

결국 고기를 먹는 게 무조건 더 좋다는 신화는 깨질 때가 되었
다고 해야겠지. 앞으로는 고품질 식품 생산을 위한 사회적 인
프라가 더 철저하고 촘촘하게 구축되어야 한다고 봐. 질도 좋
으면서 보다 친환경적으로 식품을 생산하는 업체들을 지원하
고, 소비자들의 선택권도 강화해 주어야 해. 유통 체계를 선진
화시키고, 안전성도 더욱 세밀하게 관리해 주어야겠지. 낮은
품질의 육류 제품을 고품질로 업그레이드시키는 노력, 누구
든 일정 수준 이상의 안전한 고기를 먹을 수 있게 관리해 주려
는 노력도 더 필요해. 사람들도 고기를 먹는 게 채소를 먹는 것
보다 더 건강에 좋다거나 더 풍요로운 식단이란 생각을 버려야
해. 그건 영양학적 미신이라고까지 부를 수 있는 잘못된 생각
이야.

　　할아버지는 어떻게 드세요?

나도 매일매일 식탁에 앉을 때 환경학자로서 일종의 의무감은

있어. 나이가 드니깐 건강을 지켜야겠다는 생각도 더 강해지고. 우리 집도 과거에 비해선 고기를 참 많이 줄였어. 네 할머니가 젊은 시절에 영양사 일을 한 걸 알고 있니? 그래서 먹는 일에 관해서는 철저하게 관리하고 엄청나게 신경을 써주고 있지. 우리는 일단 외식을 1년에 몇 번밖에 하지 않고, 거의 모든 끼니를 집에서 먹어. 네 할머니가 워낙 부엌에서 무엇을 만들어주는 걸 좋아해서 채식 위주의 식단으로 잘 챙겨 먹고 있지. 우리는 소고기나 돼지고기를 일주일에 두세 번 먹곤 하지만 아주 조금씩만 먹어. 대신 생선을 자주 먹고, 달걀도 하루에 한 개씩 먹어. 우유는 종종 커피에 타서 먹는 정도란다. 대신 우리는 콩을 꽤 많이 먹는구나. 할머니와 나, 둘 다 낫또를 무척 좋아하거든. 둘이 합해서 매일 120그램씩 먹으니, 한 사람이 하루에 60그램, 이렇게 먹지.

　드시는 건 주로 어디서 구매하세요?

우리는 아주 오래전부터 한살림 회원인데, 20년 남짓 잘 이용하고 있어. 이곳 품질은 더할 나위 없는데, 단점은 역시 비싸다는 것이겠지? 그래도 이해는 해야 할 거야. 이런 유기농 협동조합의 규모가 좀 더 커져서 대형 마트들과 가격적으로도 경쟁할 수 있기를 바라고 있는데, 아무래도 확대가 잘 안 되고 힘이 미약한 편인 것 같아.

> 신토불이(身土不二)라는 말도 있고, '가장 가까운 곳에서
> 나는 먹거리가 가장 건강에 좋다'는 말은 어떻게 생각
> 하세요?

나는 쌀을 제외한 몇몇 곡물류는 어쩔 수 없이 수입에 의존하
더라도, 채소와 과일류는 되도록 우리나라에서 기르는 작물을
먹어야 한다고 봐. 그렇지만 우리 농산물의 생산과 유통 구조
에 대한 면밀한 고민 없이 무조건 국산만 고집하는 것은 우리
의 건강과 자연을 위한 길이 될 수 없단다. 나는 너에게 '로컬푸
드'라는 개념에 대해서 먼저 이야기를 하고 싶어. 우리는 로컬
푸드라고 하면 무언가 더 친환경적이고 우리 주위의 농민들을
돕는 것처럼 생각하곤 하잖니? 그런데 그건 잘못된 생각이야.
이 개념은 유럽과 미국에서 수입되었는데, 우리나라의 현실과
맞지 않으면서도 공공연하게 남용되고 있어.
  유럽은 유럽연합(EU)으로 합쳐지고 난 뒤에 유럽 전체가
하나의 단일 시장으로 인식되고 있잖아. 그렇게 커다란 땅덩
어리를 가진 유럽이나 미국 시장에서는 이 개념이 의미가 있
어. 새벽에 도시 근방의 농민들이 몇십 킬로미터 정도 차를 몰
고 와서, 자기들이 재배한 농산물을 매장에 풀어놓고, 도시 사

람들이 그 농작물을 사 먹고, 농민들은 저녁이 되면 빈 차로 집으로 돌아가는 게 전형적인 로컬푸드 유통 시스템이라고 할 수 있지.

그러면 우리나라는 어떨까? 대한민국은 면적이 너무 작은 나라여서 이런 시스템과는 거리가 한참 멀어. 거기다가 우리나라의 '로컬푸드' 상품들이 얼마나 고비용으로 길러지는지 안다면 뭔가 잘못되고 있다는 걸 느낄 수 있지. 우리나라에서는 성주 참외, 조치원 복숭아, 옥천 포도처럼 지역 특산물이 유명하지? 그 고장 농민들은 최고의 이익을 남기기 위해서 농약과 비료를 굉장히 많이 투입하고, 작물 특성상 사람 손길도 무척 많이 가는 게 보통이거든. 그렇게 지역 특산품만 강조되고 있는 우리 현실은 생산자-소비자 간의 직접적인 네트워크와 친환경을 표방하는 로컬푸드와는 거리가 무척 멀다고 할 수 있어.

우리나라는 외국과 다른 여건을 가지고 있어서 그런 거네요.

맞아. 우리 입장에서 말한다면, 내가 사는 도시 근방에서 길러지는 게 중요한 것이 아니야. 나라 자체가 워낙 작으니깐 말이야. 채소도 그렇고 과일류도 그렇고, 나는 우리나라 안에서 길러진 건 전국 어디에서 생산된다고 해도 사실상 다 로컬 식품이라고 불러야 한다고 생각해. 그렇다면 우리는 그중에서 어떤 농산물을 골라야 할까? 여기서부터가 중요한 문제겠지. 나는 사람들이 너무 말끔하고 깨끗한 것만 찾지 말고, 못생긴 농작물을 좀 더 앞장서서 구매해야 한다고 봐. 이건 사람들이 쉽게 실천하기 힘든 일이겠지? 그래도 그런 유통 방안을 고민하고, 사람들의 생각을 바꿔갈 필요가 있어.

물론 미국이나 유럽도 시장에서는 깨끗한 것만 팔아. 그런 곳에서는 넓은 땅에서 적은 노동력을 투여해서 대량생산을 하니깐, 기계적 선별 작업을 해서 상처가 나고 못생긴 작물은 그냥 버려버리지. 그런 작물은 다시 밭에 묻혀 비료로 돌아가고. 그런데 우리나라는 달라. 우리는 농민들이 좁은 땅에서 높은 비용을 들여 조금이라도 다수확을 해야 하는 상황이고, 그러다 보니 못생겨서 상품이 안 되는 것이 많으면 큰일이 나는 거야. 그래서 그 좁은 농경지에서 어쩔 수 없이 비료와 농약을 엄청나게 때리는 거지. 벌레가 조금이라도 먹지 않은 깨끗한 상품을 내놓아야 하니깐.

그런 깨끗한 상품을 만들려면 환경을 파괴할 수밖에 없겠고요.

물론 우리 건강에도 별로 좋지 않고 말이야. 지금 유튜브에서 가장 인기 있는 아이템 중 하나는 텃밭 가꾸기인데, 내가 10년 가까이 텃밭에서 직접 작물을 키워보니깐 농약이나 비료를 안 쓰고는 절대로 때깔 좋은 채소나 과일을 키울 수가 없어. 결국 우리나라는 미국이나 유럽과 다른 방식을 고민해야 하는 거야. 그게 당장은 쉽지 않더라도, 도시민과 농민 사이의 신뢰가 형성되어 친환경적으로 길러진 작물, 못생겼어도 더 건강한 방식으로 자라난 것을 선택하는 사회적 분위기가 필요한 거지. 그래야 진짜 '로컬푸드', '신토불이'의 의미를 찾아나갈 수 있을 거야.

앞으로는 천천히 바뀌어 갈 수 있을 거라고 믿어. 그런 조짐이 지방의 로컬 매장을 중심으로 조금씩 보이고 있거든. 자기가 기른 걸 이웃들과 나눠 먹고, 자기가 믿는 농민이 친환경적으로 길러낸, 조금은 못생긴 상품을 찾는 사람들이 점점 늘고 있어. 그런 생산-유통 방식이 좀 더 우리 건강을 지켜줄 수 있고, 우리 환경에도 보탬이 된다는 걸 인식하고 있는 거지. 또 본인이 직접 텃밭에서 농작물을 길러본 사람은, 혹은 가까운 가족이 농사짓는 걸 곁에서 지켜본 사람도 너무 지나치게 깨끗한 상품에 얽매일 필요가 없다는 걸 이미 체득하고 있다고 생각해. 그러려면 농민과 도시민의 거리도 지금보다 좀 더 가까워져야 할 거고, 도시에서만 생활했던 사람이 농촌에서의 삶과 일을 경험해 보는 것도 중요할 거야.

저도 부모님과 그런 면에 대해서 좀 더 이야기를 나누고 고민해 볼게요, 할아버지!

고맙구나, 리아야. 그래도 아무래도 도시에 사는 사람들은 농산품을 고르는 데 한계가 있겠지. 지금 마트나 온라인 쇼핑몰을 살펴보아도 겉으로 보기에는 다들 유기농으로 생산한 것처럼 포장되어 있긴 하잖니? 그렇게 말끔하고 상처 없는 채소나 과일류가 과연 얼마나 친환경 유기농으로 길러진 것일까 따져 보는 일도 필요할 거야. 나는 앞으로 그런 유기농 제품들에 대한 철저한 관리가 더욱 중요해질 거라고 봐. 너무 많은 비료와 농약을 쓰는 방식은 정부와 지자체 단위에서 적절히 규제하고, 또 지자체의 친환경 농산물과 식품 브랜드에 대해서는 품질 관리에 힘쓰면서 여러 지원도 좀 더 세련되게 해주어야겠지. 농민도 살고, 지역도 함께 살릴 수 있는 다양한 고민이 필요할 거야. 그런 고민은 도시에서 사는 사람들에게도 장기적인 이익으로 돌아올 거니깐.

농민과 지역, 도시민이 함께 상생할 방안을 고민해야 한다는 말씀이네요.

맞아. 결국 우리 한 사람 한 사람이 어떤 작물을 어떻게 소비하는지가 환경을 위한 실천이 될 수 있으니까, 조금씩 바뀔 수 있다는 가능성을 봐야 할 거야. 옛날 가난하던 시절엔 아예 그런 선택지가 없었어. 무조건 더 많이 생산해서 많이 먹어야 했으니, 내가 먹는 과일과 채소가 어떻게 길러졌는지는 찬찬히 들여다볼 수 있는 여유가 없었어. 이제는 그렇지 않아. 우리도 우리 몸에 좀 더 유익하고 우리 환경에도 더 좋은 먹거리를 찾는 일이 중요해진 거야. 결국 싼값으로 편리하게 제공되는 식품들은 그 한계가 있을 수밖에 없다는 의식을 시민들이 좀 더 공유할 필요가 있어. 그런 면에서 우리가 왜 못생긴 채소의 가치를 높이 사야 하는지, 우리 사회가 어떤 방향으로 먹거리를 생산하고 소비해야 하는지를 고민해야겠지.

참, 그리고 마지막으로 말해주고 싶은 것이 하나 더 있어. 나는 온라인 대형 유통 플랫폼의 새벽 배송을 볼 때마다 참 안타깝단다. 물론 싱싱한 채소를 저렴하고 편리하게 이용하고 싶어 하는 사람들의 심리를 이해하지만 말이야. 당근 몇백 그램짜리면 비쌀 때도 아마 한 3천 원 정도 할 텐데, 그런 상품 하나가 그보단 몇 배나 큰 종이 박스에 담겨서 이웃집에 배달되어 있더라고. 나는 그런 배달용 폐박스가 쌓이는 걸 볼 때마다 덜컥 겁이 날 정도야. 그거야말로 어마어마한 자원의 낭비가 아닐 수 없으니깐. 그런 편리한 배달 시스템은 소비자가 원하는 거니깐 누가 거기에 대고 시비를 걸지도 못해. 결국 우리 한 사람 한 사람의 자각이 좀 더 필요한 것 아닐까? 싸고 편한 게 언제나 좋은 건 아니라는 자각 말이야. 적어도 우리 지구의 미래를 고민하는 사람들은 그런 생각을 잊지 않았으면 좋겠어.

가습기 살균제 사태가 우리에게 말해주는 것들

6

먹는 것에 대한 이야기까지 잘 들었어요, 할아버지. 대한민국에서부터 출발하는 환경문제, 우리가 서로 아끼는 사람들이 되고, 제각기 소박하고 다양한 삶을 살아가는 게 중요하다는 말씀을 해주셨네요!

잘 들어주어서 고맙구나, 리아야. 그런데 애야, 난 여기서 내가 생각하는 정말로 아픈 문제 한 가지를 너에게 말해주고 싶어. 이 문제는 내가 40년 전에 박사학위를 받았던 전공 분야인 환경독성학과 직결되는 사안이고, 우리나라 환경 이슈의 가장 취약한 쟁점을 가장 선명하게 드러내주는 문제라고 생각해. 그리고 한국전쟁 이후 벌어진 최대의 사회적 참사가 분명한데도, 많은 사람에게 벌써 잊혀버린 듯 주목되지 않는 문제이지. 나는 이 사건을 똑바로 들여다보지 않는 우리 사회의 황당한 분위기에 너무 화가 날 때가 많았단다.

도대체 그게 어떤 문제예요, 할아버지?

가습기 살균제 피해란다. 혹시 들어본 적이 있니?

네. 저도 들어보았는데, 그냥 마음이 아프구나 하고 지나쳤어요.

그럴 만도 해. 우리나라 많은 사람들도 그렇게 생각했을 거야. 이 참사는 1994년부터 2011년 사이, 그 15년 동안 벌어진 사고였으니 그리 오래된 과거의 일도 아니었어. 가습기 살균제 사고는 정부의 공식 추산으로는 사망자 1,100명, 피해자 3,472명에 불과하지만, 실제로는 사망자와 피해자가 각각 2만 명과 95만 명 정도에 이르렀다는 추산도 있어. 단순히 피해자 규모만 살펴보더라도 이는 세계적 규모의 참사라고 부를 만해. 환경적인 측면에서 태풍이나 홍수, 가뭄과 지진 등 자연재해를 제외한 단일 사건 사고로는 2만 5천 명 정도가 목숨을 잃은 1986년의 체르노빌 원자력발전소 폭발 사고, 2만 명 가까운 사망자를 냈던 1984년 인도 보팔에서의 화학물질 유출 사고 정도를 언급

하는데, 1994년부터 2011년 사이에 빚어진 우리나라 가습기 살균제 참사도 이에 비견될 수 있어.

그리고 이 사고와 유사했던 일은 1950년대 후반에 임신부들의 입덧을 완화시키고 숙면과 정신적 안정을 취하는 데 도움이 된다는 명목으로 약 5년간 주요 선진국들에서 유통되었던 탈리도마이드 약품 사태를 꼽을 수 있어. 이 약품은 유럽과 일본 등 전 세계에서 무려 1만 명 이상의 기형아를 낳게 만들었거든. 무분별하게 복용한 이 탈리도마이드 때문에 팔다리가 짧거나 없는 아이들이 태어났고, 성인이 된 아이들은 한평생 후유증을 안고 살아야만 했단다.

그럴 수가…. 저는 가습기 살균제 사고가 그렇게까지 많은 사상자를 낸 줄 몰랐어요.

내가 앞에서 레이첼 카슨이 『침묵의 봄』에서 설파했던 경고가 지금 현재의 시점과는 조금 어울리지 않고, 이미 많은 농약은 안전한 편이라고 이야기해 주었지? 그렇지만 슬프게도 꼭 그렇게만 볼 수는 없어. 카슨의 우려와 경고가 정말로 다 사라져도 되는 것은 아니란다. 비록 그 대상이 농약이 아니라 우리가 일상적으로 사용할 수 있는 화학물질이긴 했어도, 나는 지난 십수 년 동안 가습기 살균제 사태의 경과를 보면서 카슨이

던지는 메시지의 울림을 다시 한번 절감하지 않을 수 없었어. PHMG(폴리헥사메틸렌구아니딘), PGH(염화올리고에톡시에틸구아니딘)라고 하는, 부르기도 어려운 화학물질 때문에 그것도 바로 우리나라에서 무려 수천 명의 사상자가 발생했기 때문이야. 여기서 너에게 저 물질들의 복잡한 화학구조식과 그 독성을 굳이 자세히 설명하진 않겠지만, 이 문제는 우리 인류가 화학물질을 신중하지 못하게 사용함으로써 발생했던 역사상 최악의 사태였다는 점을 분명히 말해주고 싶어.

가습기 살균제 문제가 우리나라에서 발생했던 특별한 원인이 있을까요?

우리나라 기후 특성 중 하나가 '여름철 고온다습, 겨울철 한랭건조'인 건 너도 알고 있지, 리아야? 이런 기후의 특성 때문에 많은 가정에서는 겨울철에 가습기를 사용하게 된단다. 실내가 너무 건조해서 숨쉬기가 곤란하면 안 되니깐. 특히 유아나 유치원 또래의 자녀를 키우는 집에서 가습기를 많이 사용하지. 노인이나 환자가 있는 가정에서도 그랬어. 피부 건강에 관심이 많은 젊은이들은 가정에서는 물론 사무실 등에서도 가습기를 애용하고 있지.

우리나라는 세계적으로 공동주택, 그러니깐 아파트의 보

급률이 가장 높은 나라일 거야. 공동주택들은 겨울철에도 난방을 20도 정도로 높게 하는 것이 보통인데 그러면 실내 습도가 심할 경우 30% 이하로 떨어지게 된단다. 지은 지 오래된 단독주택의 경우는 단열성이 좋지 않아 실내 온도가 공동주택보다 더 낮은 것이 보통인데, 그래도 바깥 습도가 매우 낮으니 실내 습도 역시 그보다 더 낮아지기도 해. 모두 한랭건조한 겨울철 기후 특성 때문이지. 근래 들어 난방비 절약의 차원에서 주택의 철저한 밀폐를 강조하고, 특히 요즘 젊은이들이 동절기 실내 온도를 높이려고 하는 것도 습도 저하의 원인이 된다고 할 수 있어. 가습기를 사용하면 수면 중에 숨쉬기가 한결 편해지고, 목이 깔깔하다거나 코딱지가 끼는 등의 증상이 말끔히 사라지거든.

그럼 어디서 문제가 시작된 것이에요, 할아버지?

가습기는 보통 초음파가습기라고 해서 아주 작은 물방울의 형태로 물을 직접 분사하는 방식의 것이 있는가 하면 물을 직접 데워서 눈에 보이지 않는 수증기를 만들어서 내뿜는 습식가습기도 있는데, 어떤 방식의 가습기든 한 가지 문제가 있어. 실내의 따뜻한 환경에 공기 중 습기가 더해지니 벽에 습기가 차고 그 때문에 벽지에 곰팡이가 발생하는 일이 벌어지거든. 그러면 보기에 흉한 것은 물론 그 곰팡이가 혹시 숨을 쉴 때마다 내 코 속으로 들어오지 않을까 걱정하지 않을 수 없어. 특히 어린 자녀를 키우는 부모라거나 몸이 허약한 환자가 있는 집이라면 그런 걱정이 더욱 크겠지? 가습기 물통에도 곰팡이가 껴서 물통 안쪽이 미끈미끈해지곤 하는데, 매일 하루에 한 번씩 물때를 제거하고자 청소를 하는 일도 여간 번거롭지 않아. 그래서 며칠씩 물통 청소를 하지 않고 가습기를 사용하는 사람이 많은 것은 지금도 여전해.

아파트 보급과 함께 가습기 판매도 많아졌던 게 지금으로부터 약 30년 전인 1990년대 초반이었어. 사건은 한 화학약품 제조회사가 가습기 사용의 문제점을 용케 포착하면서 시작돼. 1994년 당시 유공(현재는 SK케미칼) 바이오텍 사업팀은 물에 첨가하면 각종 질병을 일으키는 세균을 완전히 없애주는 신제품 '가습기메이트'를 세계 최초로 개발했다고 발표를 해. 당시 유공은 국내 최초일 뿐 아니라 세계 최초로 가습기 살균제를 개발했다고 대대적으로 홍보했고, 정부 인증인 KC마크를 받기도 했단다.

정부 인증까지 받았다니, 사람들이 안심했을 것 같아요.

맞아. '가습기메이트' 출시가 큰 성공을 거두면서 옥시라는 회사가 1996년 '가습기당번'을 선보였고, 이듬해 LG생활건강이 '119가습기세균제거'를, 애경산업이 '파란하늘 맑은가습기'라는 이름의 제품을 각각 출시하게 돼. 1990년대 후반에는 가습기 살균제를 판매하는 회사가 모두 27개로 늘어나고 원료 제조 및 공급업체도 총 20여 개로 늘어나게 된단다. 하지만 그때는 가습기 살균제 사용이 얼마나 위험한지에 대해서 정말로 아무도, 아무도 몰랐어.

이상해요. 아무도 몰랐을 것 같진 않아요.

그래, 정답이야. 가습기 살균제를 생산하고 판매했던 그 많은 기업들이 정말로 그 제품의 위험성을 모르진 않았어. 가습기 살균제를 최초로 출시했던 유공이나 이후 유사한 제품을 생산·제조했던 기업들은 모두 그런 화학물질을 사람이 함부로 사용할 경우 위험할 수 있다는 점을 분명히 알고 있었어. 가습기 살균제의 주성분 화학물질들에 대해서는 이미 학계에서 안전성 실험을 통해서 논문을 발표하는 등 그 위험성을 충분히 경고한 바 있었으니까.

가습기 살균제가 어떻게 사용되고, 어떤 방식으로 사람들을 아프게 했어요?

가습기 살균제는 가습기의 물통에 아주 소량을 투여해서 사용해. 그러면 그 성분이 수증기 분사와 함께 공기 중에 머물렀다가 그것을 호흡하는 사람의 폐로 들어가서 폐 기능을 악화시키게 되지. 심한 경우 폐 속의 연약한 세포들을 죽게 해서 호흡곤란으로 사람이 죽게 되는 거야. 설령 죽음에까지는 이르지 않더라도 폐 세포가 단단해져서 평생 산소 공급관을 코 속에 끼고 살아야만 해. 자연히 건강한 성인들보다 유아나 청소년, 노인들과 환자들에게서 그 피해가 크게 발생했지.

그런데 왜 그런 제품들의 판매를 막지 못한 거예요?

다시, 앞에서부터 계속 강조했던 국가의 역할이 문제였어. 우리 정부가 제대로 기능을 하지 못했다는 게 이 비극의 시초였지. 당시에는 그런 화학물질의 제조와 판매를 관리하는 주무부처인 환경부와 산업통상자원부(당시에는 산업자원부)의 업무 분담이 모호했고, 담당 공무원들의 전문성도 지금보다 훨씬 떨어졌어. 또 「유해화학물질관리법」 등 관련 법규도 훨씬 열악했고. 그러니 이익 추구를 목적으로 하는 기업들이 가습기 살균제 시판에 앞서서 안전성 문제를 소홀히 했던 것에 대해 그들만의 책임을 묻기 어려운 것도 사실이야. 하지만 가습기 살균제 문제가 정말로 크게 확대된 것은 그 이후의 진행 상황이 너무나도 이해할 수 없는 방향으로 흘러갔기 때문이야. 뒤에서 이야기하겠지만, 이 점에 대해서 나는 지금도 정부와 관련 기업의 책임을 엄중히 묻지 않을 수가 없어.

사람들의 피해는 어떤 식으로 밝혀지기 시작했어요?

가습기 살균제가 1994년에 처음 시판되었는데 이듬해인 1995년에 최초의 사망자가 발생해. 1995년 8월에 54세 성인이 최초로 사망한 데에 이어서 그해 11월에는 생후 1개월의 영아가 사망했어. 이 영아의 어머니가 기자회견에서 "아기가 태어나자마자 감기에 걸려 가습기를 밤낮으로 틀면서 가습기메이트를 썼다. 아기가 코가 누렇게 나와 소아아동병원에 입원시켰는데 하루 만에 사망했다."라고 증언했어. 하지만 당시에는 그들의 죽음이 정말로 가습기 살균제 사용으로 인한 것인지를 눈치챌 수 있었던 의사나 전문가가 아무도 없었어. 그래서 가습기 살균제는 아무런 제재 없이, 그야말로 날개 돋친 듯 팔려나갔던 거란다.

그렇게 10여 년의 세월이 흐른 2006년, 드디어 무언가 이상하다는 의문을 품은 한 의사가 등장해. 서울아산병원 홍수종 교수가 매년 봄철이면 정체를 알 수 없는 간질성 폐렴으로 영·유아들이 잇달아 입원하고 그중에서 많은 수가 사망한다는 사실에 의문을 품으면서 문제의 원인을 본격적으로 파헤치기 시작했어. 홍 교수는 여러 동료 의사들과 함께 매년 봄철마다 찾아오는 이 괴이한 질병의 원인을 지속적으로 밝히기 위해 그야말로 동분서주했지. 그리고 7년 후인 2011년, 마침내 「소아 간질성 폐질환의 위험요인으로서 가습기 살균제 흡입독성」이라는 논문을 발표했단다. 최초로 가습기 살균제의 무서운 실체가 드러난 순간이었어. 그 직후 질병관리본부는 원인 미상 폐 손상의 위험요인으로 가습기 살균제를 지목해서 시장에서 퇴출시켜 버려. 놀라운 건 바로 그 이듬해부터 같은 증상으로 중환자실에 입원하는 영·유아 환자들이 갑자기 사라지게 되었다는 사실이야.

정부와 학계, 기업이 이 책임을 져야 하지 않나요? 그들은 어떻게 책임을 지고 있어요?

그렇게 가습기 살균제는 더 이상 판매되지 않게 되었지만 이 문제는 아직도 현재진행형이야. 이후 피해자와 유족들이 사고의 책임을 묻고 배상을 요구하는 법정투쟁에 나섰는데, 그 소송이 여전히 진행 중이기 때문이거든. 이 피해자 소송 건에 대해서는 지금도 간간이 언론에 등장하고 있는데, 10년이 넘도록 지금까지 질질 끌고 있는 상황이야. 도대체 왜 그런 걸까?

어떤 사고의 발생으로 인해서 피해를 입었다면 누구라도 그 사고의 원인 제공자를 찾아서 정당한 피해 보상을 요구하는 것이 당연한 일일 거야. 그러면 가습기 살균제 문제에 있어서는 원인 제공자가 누굴까? 물론 가습기 살균제를 판매했던 기업과 그런 유해 화학물질 유통과 관리에 대한 점검을 소홀히 했던 정부겠지. 피해자는 아무것도 모르고 다만 정부와 기업을 믿고 무심코 그것을 사용했던 소비자들일 거야.

그런데 여기에서 말하는 가습기 살균제 피해자가 과연 얼마나 될까? 1994년 이후 2011년까지 가습기 살균제가 시판되었던 기간 동안 아마도 통계에 잡히지 않는 수많은 사망자가 발생했을 것으로 짐작돼. 하지만 당시에는 그런 사망의 원인이 가습기 살균제라는 것을 몰랐으니 필경 사망 원인으로 그렇게 기재되었을 리가 만무하고, 그래서 피해자로 인정되는 것도 쉽지 않은 일일 거야. 마찬가지로 설령 사망에까지는 이르지 않았더라도 그 때문에 지금도 관련 질병을 앓고 있는 수많은 환자가 있을 텐데 그럼 이들 중의 누구까지를 피해자로 인정할 수 있을까? 설령 누가 그 피해자로 신고를 했다고 해도 그가 정말로 가습기 살균제를 사용했는지의 여부는 또 어떻게 확인할 수 있을까? 가습기 살균제 사용에서 비교적 약한 증세의 폐 질환을 얻었다가 상당한 시간이 경과한 이후에 중증의 폐 질환으로 발전했다면 그것을 가습기 살균제의 피해라고 단언할 수 있을까? 아니면 그 원인과는 무관하다고 할 수 있을까?

　아⋯. 원인을 규명하는 것부터가 무척 힘들군요. 너무 슬프네요.

바로 이런 이유로 인해서 정부가 추정하는 피해자의 규모와 학계와 피해자 단체에서 추정하는 피해자의 규모가 크게 다를 수밖에 없게 돼. 정부와 기업 쪽에서는 가급적 그 규모를 작게, 그리고 피해자 쪽에서는 크게 늘려 잡는 것이 당연할 거야. 이처럼 피해 규모 산정에서의 심각한 차이가 이 소송을 처음부터 어렵게 했어. 그동안 정부는 여러 차례 가습기 살균제 피해자 신고를 받은 바 있단다. 그래서 2022년 현재까지 사망자 1,802명, 생존자 6,009명, 도합 7,811명의 신고가 접수되었고, 정부는 그중에서 사망자 1,100명, 생존자 3,472명, 도합 4,572명을 피해자로 확정했어.

　그런데 내가 가습기 살균제의 피해자를 처음으로 확인하고 그 원인을 규명했던 홍수종 교수님 얘기를 했잖니? 홍 교수는 가습기 살균제가 시판되던 당시 자신이 근무하던 병원에서만 매년 봄철마다 10여 명의 영·유아 피해자가 입원하고, 그들 대부분이 사망했다고 증언했어. 그렇다면 그 병원에서만 1994년부터 2011년까지 15년 동안 적어도 150여 명씩 사망자가 발생했다고 칠 수 있겠지? 그리고 그 수치를 전국의 모든 병원에 적용해 본다면, 우리나라 전체 피해자의 규모는 과연 얼마나 될까? 사망자 1,100명이라는 정부 발표가 얼마나 허무맹랑한지 알 수 있지 않겠니?

정부의 발표를 믿을 수 없는 것이군요.

그렇지. 그러면 이제 학계의 피해자 추산은 어땠는지 말해줄게. 가장 최근에 조사된 학계의 연구 논문에 의하면, 가습기 살균제 피해자의 규모는 약 95만 명, 최소 87만 명에서 최대 102만 명에 달하고 그중에서 사망자는 약 20,366명, 최소 18,801명에서 최대 21,931명으로 추산된다고 해. 2020년 9월에 많은 언론에서 "가습기 살균제로 건강피해 95만, 사망 2만 명 추산" 등의 제목으로 이 발표를 다루었지. 사망자 1,100명 확정과 20,366명 추산의 차이, 또 피해자 규모 3,472명과 95만 명의 차이, 우리는 어떻게 그 커다란 간격을 메울 수 있을까?

너무 화가 나요….

나도 그래. 문제는 또 있어. 이런 피해자 추정 규모의 엄청난 차이에 더해서 가습기 살균제 문제 해결을 더욱 어렵게 하는 것은 피해자 보상에 책임이 있는 해당 기업들이 사태 발생 후 이제까지 줄곧 자신들의 책임을 최대한 회피하고 있기 때문이야. 그리고 이런 기업의 입장을 두둔하고 있는 집단으로 정부와 학계가 있어. 가습기 살균제 피해자 소송의 가해 당사자는 그것을 제조·판매했던 SK케미칼, SK이노베이션, 애경산업, 롯데쇼핑, 홈플러스, LG생활건강, 이마트, GS리테일 등의 대기업들이야. 정부가 피해자 신고를 받아서 피해보상액이 구체적으로 정해지면 기업들이 서로 분담해서 돈을 내놓아야만 하는 거야. 그런데 앞에서도 말했다시피, 소비자 피해의 유사한 집단소송 사건들을 살펴보면 국내외를 막론하고 기업들은 피해 추정 최소화에 안간힘을 쓰는 것이 보통이야. 그래야만 피해보상액을 적게 부담할 수 있으니까.

기업도 피해보상액을 줄이려는 노력을 시작했군요.

맞아. 2011년 가습기 살균제의 피해가 구체적으로 확인되자 보건복지부가 이내 그것의 판매를 중단하는 조치를 내렸어. 그러자 관련 기업들은 가습기 살균제의 독성이 얼마나 심각한지를 규명해달라는 연구를 외부에 발주하기에 이르러. 가급적 그 독성의 정도를 낮추어달라는 암묵적인 청탁과 함께 말이지. 그래서 여러 연구소와 대학이 앞다투어 연구 경쟁에 뛰어들었는데 서울대학교 수의대 조명행 교수와 호서대학교 식품영양학과 유일재 교수에게도 그런 연구가 맡겨졌어.

그런데 당시 조명행 교수는 우리나라 독성학계를 이끄는 거물이었단다. 그런데 그가 기업에서 연구비 이외의 돈을 몰래 받고 연구 결과를 조작해서 가습기 살균제의 독성을 크게 낮추었다는 보고서를 전달했다는 사실이 나중에 밝혀진 거야. 더욱 유감스럽고 슬픈 일은, 그 보고서가 피해자 소송의 재판에서도 인용되었다는 사실이야. 유일재 교수의 경우에는 조 교수보단 사안이 다소 경미했지만 그 전후 사정은 그리 다르지 않았어.

기업과 학계가 그런 식으로 대처했다면, 정부라도 앞장서서 문제를 제대로 바로잡았아야 하지 않았을까요?

그래, 리아야. 좋은 질문 고마워. 어느 국가에 있어서든 대규모 사건 사고가 빚어지거나 참사가 발생하면 그 수습에 정부가 나서기 마련이야. 가습기 살균제 문제에 있어서도 그 피해 원인을 규명하는 일을 관련 기업이 스스로 떠맡는다는 것은 아예 기대하기조차 어려울 것이 당연하고, 그렇다고 피해자들이 나서기에는 사안이 너무 크다고 할 수 있겠지. 그러니 정부가 사태 발생 초기부터 발 벗고 나섰어야만 하는데, 우리 정부는 너무나 무신경했어. 2011년 가습기 살균제가 피해 원인 물질로 규명되자 비로소 문제 해결에 나섰는데, 그 이후의 정부 역할에 대해서는 한참 이후에 빚어졌던 세월호 참사나 최근의 이태원 참사의 경우와 그리 다르지 않았으니 더 이상 설명할 필요조차 없어.

내가 앞에서도 계속 지적했던, 법규와 매뉴얼이 없이 주먹구구식으로 굴러가는 우리 사회의 문제가 이 사태에서도 더없이 극명하게 드러났단다. 지금도 환경부는 피해구제위원회를 열고 있어. 그렇지만 2023년 여름인 지금 이 시점에조차, 기업들은 현재까지 인정된 5,000명 가까운 가습기 살균제 피해자들 중에서 단 11명에게만 보상을 완료했다는 슬픈 소식도 들려오지. 정말 10여 년 이상 계속되고 있는 사회적 대참사라고 하지 않을 수 없어.

할아버지 말씀처럼, 대한민국은 정말 아무도 믿을 수 없는 사회가 되어버린 셈이네요.

맞아. 내가 여기에서 말하는 '정부'는 비단 행정부의 공무원들뿐만 가리키는 건 아니야. 관련 국회의원들과 소송의 진행을 떠맡고 있는 판검사들도 그 책임에서 자유로울 수 없어. 이들 역시 한결같이 가습기 살균제의 피해 축소에 급급하여 대기업들의 책임 추궁에 소극적이었거든. 아니, 관련 기업들을 두둔하는 데에 더욱 관심을 기울였다고 해도 좋을 거야. 역사는 그들의 책임을 두고두고 물을 거라고 믿어. 그리고 가습기 살균제 문제에 있어서 사태 발생 초기부터 이제까지 사건을 축소하고, 원인과 피해 사이의 인과관계를 모호하게 하고, 피해자 과실을 은근히 강조하면서 기업의 입장을 두둔했던 언론의 책임역시 대단히 무겁다는 걸 역시 지적하지 않을 수가 없단다.

한국전쟁 이후 우리나라 최대의 참사라는 건…. 사망자와 피해자 숫자도 숫자지만, 우리 사회의 대처가 정말 더 비극적으로 느껴져요.

네가 그렇게 느껴서 슬프고 다행스러워. 그리고 이런 아픈 이야기를 너에게 들려주고 있는 내 마음도 무척 아프단다. 이처럼 엄청난 참사가 빚어진 지 불과 20년도 지나지 않아서 우리는 이 사고의 피해자들에 대해서 너무도 무심한 것 역시 사실이지. 세월호와 이태원 참사 같은 드라마틱한 비극에는 그래도 사회적인 관심이 크게 집중되었고, 이런 국민적 관심은 지금도 여전히 진행 중이야. 그런데 피해 규모에 있어서 그런 사고들보다 몇십 배, 어쩌면 백 배를 훌쩍 뛰어넘는 가습기 살균제 사건에는 왜 그런 국민적 관심이 모아지지 않았을까?

　세월호와 이태원 참사 이후엔 정부 당국의 부적절한 조치들과 공무원들의 책임 회피가 커다란 문제점으로 제기되었고, 매우 아쉽긴 해도 국민들의 분노와 함께 일정 수준에서 단죄되며 뒤처리가 마무리되었지. 앞의 두 참사에 비교할 때, 가습기 살균제 사건에서는 가해자들이 누군지가 오히려 더 분명해. 바로 이윤 추구에만 몰입했던 대기업들과 그런 기업들을 적절히 규제하고 관리하지 못했던 우리나라 정부야. 그래서일까? 지금도 수십만 명의 억울한 피해자들이 제대로 숨도 쉬기조차 힘든 엄청난 고통 속에서 불행한 삶을 이어가고 있는데, 정부와 국회와 법원은 피해자 보상 대책 마련에 그렇게 소홀하고 언론 역시 피해자 단체의 활동을 애써 외면하고 있어.

　정말로 무서운 일이야. 나는 가습기 살균제 사고의 피해자들에게 정말로 죄송할 뿐이야. 환경전문가를 자처하는 나로서는 그들을 위해서 그동안 아무런 일도 하지 않았다는 점에 대해서 너무나 미안하고, 앞으로 기회가 된다면 나는 진심으로 그분들을 돕고 싶을 따름이야. 그리고 우리 사회의 시민들이 가습기 살균제의 비극에 더 많은 관심을 가지기를 바랄 수밖에 없어. 이 문제를 계속 이렇게 외면하고 방치하고 있는 공동체라면 더 이상 환경과 지구의 미래를 고민할 자격이 없다는 것, 나는 그것 한 가지만은 분명히 말할 수 있으니깐.

환경학, 가장 약한 사람을 돌보는 학문

7

할아버지 덕분에 자연과 환경을 바라보는 제 시야도 더 넓어진 것 같아요. 감사해요.

잘 들어주어서 고마워. 나에게 환경학은, 어떤 특정한 테두리를 지어줄 수 있는 학문이 아니었어. 우리 지구의 생태계는 물론이고, 우리나라만의 특수한 환경적인 조건들, 전 세계 어느 나라에서도 찾아보기 힘들 만큼 급격하게 빨랐던 산업화와 도시화의 흐름, 생물학과 공학과 화학이 맞물려서 펼쳐지는 정교한 자연의 작동 방식까지…. 내게 환경학은 이 모든 걸 다 알아야 하고, 모든 것이 다 연결되어 있다는 걸 깨닫게 되는 학문이었어. 그래서 정말 매력적으로 느껴졌지. 또 가습기 살균제의 비극 같은 것에 더 분노하게 만들어주기도 했고.

환경학은, 어떤 의미에서는 인간의 삶을 연구하는 학문이야. 환경과 생태계를 연구하더라도 궁극적으로는 인간을 위한 학문이라고 봐야겠지. 그래서 환경학은 자연과학 계열에만 한정된 것이 아니라, 인문과학과 사회과학의 지혜를 가장 적극적으로 구현하고 받아들이는 학문의 영역이라고 할 수 있어. 인간이 좀 더 풍요롭고 만족스럽게 살기 위해 주변 환경을 어떻게 가꾸고 관리해야 할 것인가를 고민하다 보면, 과연 자연과 인간의 가장 바람직한 관계는 무엇이며, 인간과 인간 사이의 가장 바람직한 관계는 무엇인지를 묻지 않을 수 없단다.

환경에 대한 고민과 인간에 대한 고민이 서로 연결된다는 말씀이 흥미로워요.

모든 환경학자들이 다 이런 고민을 하는 건 아닌 것 같아. 내 주위의 많은 동료 학자들은 환경문제를 항상 자연과학의 테두리 안에서만 생각하는 경우가 많았지. 사회 공동체와 환경의 문제를 연결하지 않았던 연구자들이 많았는데, 나는 그런 점이 안타까웠어. 난 옛날부터 약간 별종이긴 했어. 일찍부터 우리 사회가 어떻게 작동하고, 사람들이 어떻게 행동하고, 지금 세상의 흐름은 어떤지를 주의 깊게 바라보고, 늘 그런 요소들을 환경적인 관점과 연결해야 한다고 생각했거든. 앞에서 내가 한 사회의 녹지가 단순히 얼마나 많고, 공원이 얼마나 크게 조성되어 있는 지보다 더 중요한 게 있다고 했던 것 기억나니, 리아야?

네. 막상 그러한 공간을 제대로 즐기지 못하는 사회의 분위기, 사람들의 바쁜 일상을 지적하셨죠.

그래. 그처럼 우리 공동체에서 다 함께 살아가는 사람들의 여유와 삶의 결까지 조직하고 재편하는 것까지가 나의 환경학이자 환경론이야. 그러니깐 나의 환경학은 사회과학, 그중에서도 사회학과도 밀접한 관계를 맺고 있단다. 환경학과 사회학 둘 다 인간을 둘러싼 외부적인 조건과 관계가 어느 개인의 심성에 어떤 영향을 미치는지 탐구하는 학문이니깐.

나는 우리가 사회를 얼마나 성숙하게 만들어 나가는지와 우리가 어떻게 자연환경을 지켜가는지가 서로 떨어져 있는 게 아니라고 생각해. 기후 위기에 관한 관심이 점점 더 높아지고, 자연 생태계를 지키자는 목소리도 늘어나고 있는데, 나는 이렇듯 환경을 아끼는 세상에선 인간이 다른 인간을 사랑하고 아낄 수밖에 없다고 생각한단다. 반대로 말하면 이런 거야. 인간이 다른 인간의 아픔을 외면하는 사회는 나에겐 지구의 미래나 자연의 가치 따위를 논할 자격이 없는 후진적인 공동체야. 그런 사회의 구성원들은 결국 자연에도 함부로 하게 되어 있어. 그래서 오래전부터 나는 사회적 약자를 위한 한 나라의 공공 제도, 복지 시스템에 대한 관심을 깊이 가져왔지.

우리나라는 어떤 편이라고 보세요, 할아버지?

우리나라는 잘하고 있는 분야도 있고, 아쉬운 분야도 있어. 그렇지만 내가 꼭 너에게 말해주고 싶은 건 이거야. 우리나라만큼 먹고살 만하고 부강해진 나라에선, 길거리에서 폐지를 줍는 할머니나 할아버지가 더 이상 있으면 안 돼. 달동네 골방에서 사는 사람들에게는 극심한 더위나 추위에 시달리지 않을 수 있는 안전한 주거 환경이 제공되어야 하고. 또 지방의 5일장이나 재래시장 같은 곳을 찾아가면 땅바닥을 기면서 1,000원이나 2,000원짜리 물건을 파는 지체장애인들이 있는데, 난 우리 사회가 어떤 수를 쓰더라도 그런 슬픈 장면은 이제 없애야 한다고 생각해. 나는 그런 사람들을 볼 때마다 지금도 억장이 무너져. 제대로 먹고사는 나라에선 사람대접을 절대로 그렇게 하면 안 되는 거야. 그런 장면은 우리가 환경에 관해서 아무리 고상하고 아름다운 말을 한다고 해도, 우리가 아직도 미개사회라는 걸 폭로하고 있다고 봐.

아직도 부족한 게 많네요. 저도 마음이 아파요.

맞아. 그래서 국가 시스템이 정말 중요한 거야. 사람에게든 자연환경에든, 국가와 사회가 조금만 더 힘을 쓴다면 해결할 수 있는 게 정말 많으니까. 그렇듯 서로를 도우려는 마음을 공적인 측면에서 흡수하지 못하는 사회는 여지없이 불행을 겪는단다. 물론 우리가 여전히 부족한 면도 많지만, 그래도 충분히 잘하고 있는 면도 적지 않기는 해. 전 세계가 우리나라 의료보험 제도와 몇몇 사회 시스템을 무척 부러워하기도 하거든. 반면이런 시스템을 마련하지 못하고, 부익부 빈익빈의 극단을 달리는 세계 최강대국 미국은 지금 노숙자가 넘치고, 가난한 사람들은 점점 더 비참한 삶에 시달리고 있지. 적당히 중류층으로 살던 사람도 어느 순간 자기가 가진 모든 걸 날리고 빈곤에 시달릴 수도 있는 사회가 되어버린 거야.

이런 미국의 현실을 바라보면서 나는 참 여러 생각이 들어. 내가 1982년 미국으로 유학 간 지 몇 달도 되지 않았을 때, 어느 날 한밤중에 네 할머니가 알레르기로 온몸에 두드러기가 심하게 솟는 것 아니겠니? 미국은 주위에 약국이나 뭐가 아무것도 없으니, 그저 우리가 부를 수 있는 건 911뿐이었지. 떨리는 마음에 더듬거리는 영어로 전화를 거니깐 구조대가 알아듣고 바로 집채만 한 앰뷸런스가 굉음을 내면서 달려왔어. 다행히 10분 정도 되는 대학병원 응급실까지 앰뷸런스를 타고 가서 잘 치료받을 수 있었단다.

내가 한국에 있었던 1970년대 말까지만 해도 우리나라에는 119나 구급차 제도 같은 게 전혀 없었거든. 급한 일이 생기면 다 택시를 타거나 누군가가 환자를 둘러업고 응급실에 달려가야 했지. 그야말로 사회적 인프라가 아주 낙후된 시절이어서 나는 미국의 응급 구조 시스템에 감탄할 수밖에 없었어. 이게 부자 나라의 품격이구나, 우리나라도 이렇게 되어야지, 그렇게 감동을 받았지.

정말 다행이네요!

그런데 이야기가 아직 끝나지 않았어. 그로부터 두 달쯤 지났나, 구급차 사용 청구서가 내 연구실로 날아온 거야. 그게 한 200불 정도 되었던 것 같아. 우리 한 달 생활비 정도의 금액이어서 난 정말 깜짝 놀랐어. 구급차를 10분 정도 탔는데 한 달 생활비를 내야 한다니…. 그게 미국 사회의 일면이란 걸 깨닫고 좌절했지. 그때 우리 형편으로는 도저히 그런 비용을 낼 수 없었거든. 수업을 마치고 지역 911 구조대 사무실을 찾아갔어. 내가 도저히 감당이 안 되는 돈이라고 하니, 담당자가 내게 지금 주머니에 돈이 얼마 있냐고 물어보더라. 내가 지갑에 있던 전 재산 3달러를 꺼내 드리니깐, 그가 조금 고민하다가 웃으면서 그것만 내고 가라고 하는 것 아니겠니? 그때는 지방자치단체의 조그마한 911 사무실에서 나처럼 가난한 사람에게 3달러를 받고 200달러짜리 비용을 면해줄 수 있는 시스템이었던 거야. 그만큼 미국 사회의 관용이 남아있던 덕분이겠지. 재밌는 건 미국은 지금도 한 번 구급차를 타면 몇십만 원, 심한 경우 수백만 원의 돈을 내야 해. 참 어이없는 시스템이라고 할 수 있는데, 어쨌든 이제 우리는 미국보다 훨씬 더 시민들에게 사랑받는 119 제도가 확립되어 있지.

세계에서 제일 부유한 나라인데…. 잘 이해가 되지 않아요.

나도 마찬가지였어. 사실 가난한 나라인 한국에 살다가 20대 중반 나이에 처음으로 미국 땅을 밟았을 때, 나는 그 나라의 지성과 관용, 풍요로움에 약간 질렸던 것 같아. 미시간대학 도서관의 엄청난 규모를 보고서는, 아, 이건 우리나라 모든 대학의 장서를 다 합친 것보다 더 많은 책이 있을 것처럼 느껴져서 주눅이 들었지. 그런데 내가 미국에 넘어가서 얼마 안 되어서, 그 당시에 굉장한 석학이었던 스탠포드대 생물학과 교수 폴 에얼릭의 『인구 폭탄』이라는 책을 읽었어. 1968년에 출간되어서 그야말로 엄청난 베스트셀러가 된 책이었지. 에얼릭은 전 세계적으로 수천만 명에 달하는 인구가 1970년대에 굶어 죽을 것이고, 1980년대에는 기아로 인해 인류가 멸망할 것이라고 예언해. 지금 전 세계 인구가 80억 명을 넘었는데 말이야.

　내가 미국이란 나라에 대해서 처음 의문을 가지게 된 것이 바로 이 책을 읽고서부터야. 비좁고 열악한 우리나라에서만 평생을 살다가 그 넓은 땅에 처음 발을 디뎠으니, 난 미국의 국토가 얼마나 풍요롭고 자원이 넘치는지를 잘 알잖아. 이렇게 넓고 부유한 나라에서, 그 국토에 농작물을 심으면 전 세계 사람을 다 먹여 살릴 수도 있을 만한 풍족함을 가지고서, 그런 결단은 안 내리면서 인구 폭발이라고 겁을 주다니…. 그러니깐 미국인들은 지성을 얼마나 갖추었든 갖추지 못했든, 자기네가 누리는 그 어마어마하게 크고 풍요로운 땅은 절대로 손을 안 대고 농경지로 개발을 안 하면서 전 세계 인구가 조금 늘어나니깐 그 사람들 먹여 살리기가 힘들다고 불평하는 셈인 거야. 그게 미국이었지. 자기네 이익은 조금도 침범당하지 않으면서, 마치 전 세계의 위기를 보편적인 담론처럼 펼쳐나가고 있는 것 말이야. 그리고 그들의 자세는 기후 위기론이 떠들썩한 지금도 별반 다르지 않아.

　그래도 그 교수의 말처럼 지구에 종말이 닥치지 않아 다행이에요.

맞아. 대신 요즘 우리나라에는 또 다른 위기론이 유행하고 있지? 많은 연구자와 학자들이 출산율이 떨어져서 장차 나라의 안위가 걱정된다고 하지 않니? 나는 정반대야. 생물학적인 종합론의 시각에서 봤을 때, 우리나라는 인구 감소를 걱정할 필요가 하나도 없어. 인구 감소에 대해선 물론 우리가 준비를 철저히 해야 하지만, 잘하기만 한다면 오히려 우리에게 커다란 도움이 될 수도 있다고 생각하는 편이야.

내가 왜 그렇게 생각할까? 지금보다 인구가 줄어야만 사람의 가치가 높아져서, 사회적으로 사람을 더 잘 대접해주고, 그래서 사람의 몸값이 높아지고, 이를 통해 민주적이고 평등한 사회가 될 수 있기 때문이야. 지금 우리 사회에서는 직업과 지위, 빈부와 성별 등등 거의 모든 영역에서 엄청나게 가파른 격차가 벌어졌다고 할 수 있는데, 그건 결국엔 사람 알기를 우습게 아는 사회이기 때문이야. 그래서 우리나라는 지금보다 인구가 줄어드는 게 꼭 필요해.

지금 미래의 노동력이 부족해진다는 게 대한민국 인구 감소 위기론의 핵심이 아니겠니? 그럼 가장 먼저 다른 나라 사람들을 불러와야겠지. 대부분의 선진국들이 그런 단계를 밟았던 것처럼 우리나라도 부족한 노동력의 일정 부분은 외국인들이 우리 사회에 진입함으로써 해결될 수밖에 없어. 이미 우리나라의 건설 현장과 농어촌 곳곳에서 3D(위험한Danjerous, 더러운Dirty, 힘든

Difficult) 일은 외국인들이 도맡다시피 하고 있지. 우리나라 사람들이 그런 일들을 기피하니깐. 우리도 이제 인종적 다양성이 늘어나는 흐름을 더 이상 막을 수 없고, 또 막으려고 해서도 안 돼.

맞아요. 지금도 점점 더 다양한 인종의 사람들이 늘어나고 있는 것, 저도 잘 알고 있어요.

그런데 그마저도 정확한 건 아니지만, 우리가 단일민족 국가라는 걸 아직도 자랑스럽게 여기는 탓일까? 우리나라에선 외국인들을 지나치게 차별하고 있어. 국제적으로도 타 인종 차별이 가장 심한 나라라고 알려져 있을 정도란다. 특히 우리 정도 되는 선진국 경제권에서 그렇게 외국인을 차별하는 나라는 대한민국과 일본밖에 없어. 우리나라의 이민 정책이나 외국인노동자 수용 정책을 보면 정말로 어마어마하게 배타적이야. 사실 이주노동자들 처지에서 보면, 우리 한국인들이 엄청 폭력적인 기득권층일 수밖에 없지.

나는 2021년 대구에서 이슬람사원을 짓는데, 그 지역 주민들이 집값 떨어진다며 그 공사 현장 앞에서 삼겹살 바비큐 파티를 벌이는 걸 언론에서 봤을 때 받은 충격을 잊을 수가 없어. 그런 야만적인 행위가 또 어디 있을까? 한국 사람들은 과거 가난하던 시절에 하와이나 브라질 같은 곳으로 떠밀리듯 나가서 잘

살아 보려 했던 슬픈 역사가 있단다. 만약에 우리나라 사람들이 외국으로 이민 갔을 때 그곳에서 그렇게 핍박을 당했어 봐. 우리 감정이 어땠을까? 이런 사태는 그야말로 우리의 교육과 사회 시스템이 초래한 문화적 지체 현상이라고 할 수밖에 없어. 국민들 사고방식의 후진성이고, 우리가 아무리 부자 나라가 되었어도 국민의 의식이 그만큼 성숙해지지 못했다는 방증이겠지.

그분들과 함께 어울려 살아가긴 힘든 걸까요?

결국 이건 우리가 우리 공동체 안의 사회적 약자, 소수자를 어떻게 대할지에 관한 문제일 거야. 동성애에 관해서도 꼭 마찬가지란다. 생명 윤리와 진화론의 전문가로서 나는 그간 생물학계에서 이 문제에 관해 발언도 자주 했어. 우리나라의 종교계 지도자들이 동성애에 반대한다는 말을 공공연히 하는데, 그건 정말 후진적이고 후안무치한 말이야. 동성애는 신이 주신 본성 중의 일부이고, 어떤 사람들은 그런 본성을 갖고 태어나기도 한다는 것이 생물학계와 의학계의 정설이야. 대체 누가, 왜 그걸 막아? 지금은 서구의 기독교 등 주류 종교에서도 이미 다 인정한 사안이고, 로마의 교황도 인정했어. 그게 우리나라에만 오면 거꾸로 돼. 동성애를 가장 심각하게 거부하는 집단이 '사랑의 종교'라는 기독교란 사실이 나를 분노하게 한단다. 제일 진보적이고 평등해야 할 기독교에서 그런 말도 안 되는 논리를 내세우고 있으니까. 그리고 꼭 종교인이 아니더라도 우리 사회의 많은 젊은이 또한 동성애를 용납하지 않는다는 게 아마도 우리 사회가 후진적이라는 결정적 증거가 될 수 있을 거야. 적어도 일부 중동 국가를 제외하고 동성애를 인정하지 않는 정도는 세계에서 우리나라가 제일 강경할 거야. 너무나 부끄러운 일이지.

우리 사회가 극복해야 할 게 많네요, 할아버지.

맞아. 환경학이 가장 약한 사람들을 배려해야 한다는 측면에서, 내가 가진 생각도 들려줄게. 환경학자로서 내가 공공 대중 강연에서 여러 차례 이야기하기도 했던 게 있어. 우리 사회에서 제일 비판받아야 하는 현상이 뭐냐면, 요양병원과 요양원들이 대부분 다 빽빽한 도심 속 빌딩 안에 있다는 거야. 서양의 요양병원이나 요양원은 주로 도시 외곽의 조용한 숲속에 있어. 죽어가는 노인들을 마지막에 모시려면 그들이 편안히 산책할 수 있는 공간, 걷지 못하는 어르신은 창밖을 내다보며 생의 마지막을 곱씹을 수 있는 그런 공간이 반드시 필요하다고 나는 생각해. 그분들에게 그런 환경을 제공해드려야 하는데, 우리는 빌딩 숲 한가운데에서 침대에 눕혀두고 생을 마치게 해.

우리가 그동안 환경 보전과 산림녹화에 전심을 다하고 노력했던 덕분에 우리나라의 국민소득 정도에서 이 정도로 자연환경을 유지하고 가꾸고 있는 나라를 찾는 건 쉽지 않은 게 분명해. 그러면 이제는 그 풍요로운 자연의 일부를 우리 삶의 질을 높이기 위해서 사용할 수도 있다고 생각한단다. 우리 국민 중에서 제일 앞장서서 자연환경의 혜택을 받아야 하는 계층이 누굴까? 나는 요양병원이나 요양원에 계시는 노인분들, 혹은 가족 없이 홀로 살아가는 독거노인분이라고 생각해. 나는 이분들에게 우리의 자연환경 일부를 돌려주어야 한다고 봐. 그린벨트의 일정 부분을 수용해서 노인들을 위한 시설을 들여놓아도 전혀 문제가 없다고 생각해.

그럼 왜 우리는 요양병원이나 요양원을 주로 도심 안에 두는 것일까? 이런 시설을 보건복지부에서 공적 조직으로 흡수했어야 하는데, 우리 사회는 그걸 공적인 차원에서 보질 않았어. 그래서 다 민간한테 넘겨버렸고, 민간 사업주들은 제일 돈이 적게 들면서 제일 효과적으로 시설을 운영하는 방안을 추구할 수밖에 없었지. 그래서 나는 시간이 걸리더라도 앞으로는 요양 시설을 공적 조직으로 흡수하고, 이런 시설들을 그린벨트 안으로 옮기는 방안을 고려해야 한다고 생각해.

그린벨트를 조금 해지하는 것까지 고려해야 한다는 말씀이세요?

나는 그렇게 생각하고 있어. 나도 1971년 처음 도입되었던 그린벨트의 형성과 역사에 관해서 잘 알고 있지만, 지금 우리나라 그린벨트는 너무도 잘 보전되어 있어. 그렇다면 적어도 요양병원이나 요양 시설만은 거기로 보내서, 우리 국민 중에서 생의 마감 직전에 있는 분들에게 돌려줄 수 있다고 봐. 그분들이 남은 생의 시간을 숲속에서 전원과 함께 즐길 수 있다면 더할 나위 없이 좋지 않을까? 주말이 되면 자식들이 그런 곳에 찾아가서 여유롭게 같이 산책도 할 수 있을 거야.

물론 그런 일을 급히 추진하자는 건 아니란다. 사회가 이렇게 덩치가 커지고 복잡해지고 부유해지면, 무엇 하나를 새로이 시작하는 데에도 사전 연구와 시범사업이 필수적이야. 그래도 천천히 조금씩 바꿔나가는 게 중요해. 우리 경제가 막 도약을 시작할 때 군사독재 정권은 백지 위에 그림만 그리면 되었어. 그린벨트도 만들고, 다목적 댐도 짓고, 최고 지도자 마음대로 할 수 있었지. 그러나 지금 우리는 합리적인 의사결정 체계를 가지고 국가적 차원에서 이러한 변화를 조금씩 실천해야 하는데, 그런 걸 시도조차도 안 하는 것과 개선해 나가려 노력하는 두 방향은 완전히 다르다고 할 수 있지.

우리 사회의 가장 약한 사람들을 위해서 그동안 가꿔 왔던 자연을 조금은 적극적으로 이용하자는 것이군요? 이젠 우리 자신을 위해서 우리 환경을 좀 더 지혜롭게 활용할 때가 되었다는 느낌이에요.

참 따뜻하고 훌륭한 말이구나. 결국 인간의 삶과 자연환경을 어떻게 조화롭게 만들지는 우리가 모두 함께 고민하며, 미래를 향해서 큰 그림을 그려가야 할 사안일 거야. 이번에는 요즘 우리 사회에서 많은 논쟁이 벌어지는 장애인 이동권에 관해서 이야기해볼까? 내가 오래전 하와이에 가서 시내버스를 탈 때마다 버스 안에 휠체어를 탄 장애인들을 자주 마주치곤 무척 놀랄 수밖에 없었어. 휠체어를 탄 사람들은 보통 사람과 똑같이 버스를 이용했고, 그 광경이 정말 일상적이고 평화롭게 느껴져서 감격했지. 왜냐면 요즘까지도 나는 우리나라 버스 안에 장애인이 탄 걸 별로 본 적이 없기 때문이야. 저상버스는 이미 오래전부터 도입이 되어 있는데, 저상버스에 휠체어가 올라오는 걸 보는 일은 거의 없어. 하와이와는 그야말로 천지 차이로 느껴질 정도지.

왜 그럴까? 이 사안에 대해선, 우리 사회의 각종 인프라와 일자리, 즉 온갖 물적·인적 자원이 얼마나 대도시에 집중되어 있는지를 보지 않으면 안 돼. 우리나라는 도심과 도심 외의 지역이 극명하게 분리되어 있지. 만약 지방이 지금보다 좀 더 살 만한 공간이 되면 어떨까? 장애인이든 비장애인이든 많은 사람들이 훨씬 더 살 만한 지방으로 이동하겠지. 특히 이동이 불편한 분들은 인구 밀집도가 낮은 교외에 사는 게 훨씬 더 나을 수도 있어. 여유를 갖고, 천천히 자신의 속도에 세상의 속도를 맞출 수 있으니깐.

그런데 지방엔 아무래도 양질의 일자리가 부족하잖니? 그럼 국가가 나서서 그런 토양을 먼저 만들어주어야 해. 장애인과 비장애인을 가리지 않는 보편적 복지가 바로 그런 것이겠지. 지금은 장애가 있든 없든, 모든 사람이 먹고살기 위해서 대도시에 몰릴 수밖에 없는 시스템이잖니? 주거의 다양성이 전혀 담보되지 않은 사회라고도 할 수 있고, 환경학적으로는 모든 사람에게 다 자연과 멀리 떨어진 대도시의 속도와 라이프스타일을 강제하고 있다고 볼 수도 있어. 특히 사회적 약자들은 대도시에 남아 있어야만 그나마 약간의 인프라 혜택이라도 누릴 수 있다는 걸 잘 아니까 그들도 더욱더 대도시를 벗어나지 못하는 상황인 거지. 그렇게 그린벨트만 덩그러니 남겨놓은 채 지방 소멸을 걱정하고 있는 것이 우리나라의 현실이야.

그건 장애인분들의 문제이기도 하지만, 결국 우리 모두의 미래와도 연결된다고 할 수 있겠네요.

그렇지. 앞에서 왜 우리가 서로를 아끼면 지구가 살아나는지에 관한 이야기를 들려주었잖니? 그건 결국 왜 우리가 이 사회에서 가장 약한 사람들을 돌보면 지구가 살아날 수 있는지 서로 통할 수밖에 없는 이야기가 된단다. 모든 사람이 각자도생으로 부를 추구하고, 자기가 가진 걸 조금이라도 양보하거나 포기하지 않으려는 사회에서는, 모든 이들이 주위 환경을 낭비하거나 파괴하면서 동시에 사회적 약자들에게 매몰찰 수밖에 없을 테니깐. 이런 세상에선 장애인들만 거주하는 전용 아파트를 짓자고 하면 그 이웃에 사는 주민들은 집값 떨어진다고 싫어하고, 또 장애인학교를 짓는다고 하면 비슷한 이유로 극렬하게 반대하곤 하지. 그분들이 반드시 사악한 사람들이라서 그렇게 반대를 하는 건 아닐 거야. 그저 우리 모두가 지금처럼 물질적인 여유가 넘치는 시대에 살면서도 서로에게 따뜻한 세상을 만들지 못했던 걸 탓해야겠지. 우리는 지금 베풀 만한 여력은 있지만, 베푸는 일에 너무도 인색해. 사회의 수많은 약자들이 여전히 그런 안타까운 세상에서 피해를 받곤 하는데, 그래도 난 지금보다 조금이라도 더 인간적인 사회를 만들고자 하는 갈망이 사람들 사이에서 조금씩 커지고 있다고 믿어. 결국 우리가 우리 사회의 약한 사람들을 돌보는 마음과 우리 자연 생태계를 지키고 싶어 하는 마음은 하나로 연결될 수 있다고 나는 믿는단다.

가장 중요한 것은
눈에 보이지 않을 테니

8

할아버지, 그래도 원자력발전소 문제 같은 건 너무 어렵고 멀게 느껴지긴 해요.

역시 좀 그렇긴 하지? 그렇지만 리아야, 국가정책도 평범한 시민 한 사람 한 사람의 힘이 모여서 결정되는 거니깐, 우리 개개인도 그런 일에 관심을 놓지 않고 목소리를 내는 일이 중요해. 무엇보다도 이 문제에 대해 명확한 마스터플랜과 비전을 지닌 나라의 대표자를 뽑는 건 중차대한 문제야. 원자력이나 기후변화 같은 국가적 사안들에 있어선, 정부가 뚜렷한 목표를 가지고 좋은 정책을 펼치는 일이 워낙 중요하니 말이야. 시민들이 이처럼 중요한 사안들에 대해서 시대적인 흐름과 상황을 면밀하게 살피는 일도 게을리해선 안 돼. 앞에서는 너에게 냉정하고 불평등한 세계 질서를 들려주기도 했지만, 21세기 전 세계 모든 국제 협력이 결국 녹색성장에 바탕을 둔다는 건 우리가 거스를 수 없는 흐름이야. 이런 국제적 분위기에서 우리만 빠져나갈 수는 없는 노릇이란다. 거기에 현명하게 적응하면서도 우리가 할 수 있는 일을 찾아야겠지.

국가의 정책을 결정하는 사람이 아니더라도 우리가 이 문제를 해결하는 데 작게나마 기여할 수 있을까요?

당연하지. 이런 문제는 시민들에게 자칫 '우리가 뭘 한다고 얼마나 달라지겠어?'라는 의문을 품게 하기도 쉽고, 그런 의문은 '결국 국가나 기업이 달라지지 않으면 아무것도 해결이 되지 않을 거야.'라는 냉소적인 무기력으로 이어지기도 쉬워. 하지만 에너지에 관한 사안이든, 플라스틱 사용이나 쓰레기 처리에 관한 사안이든, 우리가 일상적으로 절약을 실천하고 소비 습관을 근본적으로 바꿔나가는 일도 그만큼 중요한 건 분명해. 또 우리가 '안전'이 얼마나 중요한 가치인지를 깨닫고 안전한 사회를 만들기 위한 목소리를 내는 것도 매우 중요하단다. 과거에는 수백 수천 명의 '안전한 삶'이 다소 뒤로 밀린 채 국가의 대소사가 결정된 측면이 컸어. 지금은 단 한 사람의 안전과 행복도 절대로 소홀하게 생각할 수 없는 시대가 되었으니,

이제 환경정책을 결정할 때도 그러한 근본적인 변화를 명심해야겠지. 특히 전기에너지를 생산하는 발전소의 문제는 돈이 아니라 안전의 관점에 따라서 검토하고 결정하는 게 가장 중요한데, 아직도 나라의 일을 결정하는 사람들이 이 사안에 자꾸 돈의 논리를 개입시키려는 게 나는 못마땅하단다.

　　우리나라는 화석에너지를 더 이상 쓰면 안 되는 거예요? 아직도 화력발전소가 많은 걸로 알고 있어요.

맞아. 우리가 사용하는 전력의 50% 이상이 아직도 석탄화력발전소에서 만들어지고 있단다. 나는 서구의 여러 선진국들이 그랬던 것처럼 화력발전소의 역할을 우리도 점차 축소해나가야 한다고 생각해. 현대적인 화력발전소는 고열량의 유연탄을 연소해서 전기를 생산하고, 이 과정에서 아황산가스와 질소산화물 등 각종 대기오염 물질들을 배출하며 주변 지역에 심각한 문제를 유발한단다. 발전소 주변 지역에서 발생하는 농작물 피해와 지역 주민들의 건강 피해는 앞서도 네게 들려주었지? 발전설비를 지속적으로 유지, 관리하는 과정에서 사용되는 PCB(폴리염화 바이페닐)를 비롯한 여러 화학물질과 중금속 등이 인근 토양으로 유출되는 문제도 심각해.
　　무엇보다도 화력발전소는 지금 이 시점에 기후변화의 아

주 커다란 원흉으로 손꼽히고 있단다. 이산화탄소를 가장 많이 배출하는 단일 오염원은 화력발전소이고, 두 번째가 제철공장이라고 할 수 있거든. 철강산업은 여러 산업 중에서도 온실가스 배출이 가장 월등한 비중을 차지하고 있는 산업이야. 제철공장의 용광로에서도 오염물질과 온실가스가 발생하지만, 실제로는 제철소를 돌리기 위한 화력발전소가 따로 있을 정도니깐.

물론 당장의 전력 수급을 비롯한 여러 가지 이유로 현재 가동되고 있는 석탄화력발전소를 당장 폐쇄하자고 하는 주장은 별로 설득력이 없을 거야. 그렇지만 지금도 강원도 삼척 등에서는 초대형 석탄화력발전소가 새로 건설되고 있는데, 난 이것은 잘못된 일이라고 봐. 탈석탄에 관해서 정부가 더 일관된 철학을 갖고 전력 수급 기본계획을 짜는 게 무엇보다 중요할 거야. 화력발전소 퇴출에 따른 그곳 직원들의 일자리 상실, 지역경제 타격 등도 세심하게 신경을 써야 할 테고.

거기서 일하고 계시는 분들도 생각을 안 할 수는 없겠군요, 할아버지!

그렇단다. 과거에는 우리 사회가 경제 발전에 대한 사회적 압력이 너무나 강력했던 나머지 지역 주민들이 발전소 건설과 운영에 그렇게까지 적대적인 분위기는 아니었어. 설령 개개인은 그런 마음이 있었어도 반대 의사를 표명하기 쉽지 않았겠지만 말이야. 또 지역 주민 자신이나 그 자녀들이 발전소 직원으로 채용되기도 하면서 상부상조하는 측면도 있었어. 발전소와 지역 공동체 사이에 어떤 유대적인 관계도 있었고, 두 진영 사이 긴장의 정도도 낮았지.

그렇지만 우리 경제 사정이 점차 나아지고 또 환경오염에 대한 사회적 우려가 커지게 되자 많은 주민들이 이 문제에 민감해지게 된 거야. 1980년대 후반 즈음엔 한국전력도 이 문제에 대해서 본격적으로 대응을 해야 했는데, 내가 1987년 미국에서 귀국해 처음 들어갔던 직장이 바로 한국전력공사 연구소이기도 했지. 나는 한전에 들어간 최초의 환경학 박사, 환경전문가였거든. 그만큼 한전 측에서도 환경문제를 심각하게 생각했다고 볼 수 있을 거야.

내가 한전에 들어가고 몇 년 뒤인 1990년대에 이르자 전국의 대다수 화력발전소에서 지역 주민들과 크고 작은 마찰이 발생했지. 나도 그런 문제들을 해결하고자 그야말로 바쁘게 뛰어다녔어. 그러면서 우리나라 거의 모든 발전소에 현대적인 공해방지 설비들이 설치되기 시작했고, 또 여러 환경문제들 역시 점차 그 강도가 낮아지며 지역 주민들과의 관계도 점차 개선되기도 했어. 그런데 1990년대 후반부터 2000년대에 이르면 지구온난화와 기후변화 문제가 국제적으로 제기되며 한전 역시 이 문제에서 자유로울 수 없게 됐지. 앞서 말했듯, 온실가스 발생원으로서는 한전의 화력발전소들이 예나 지금이나 우리나라 최대의 오염원이라고 할 수 있거든.

기후와 환경에 관한 사람들의 고민과 걱정도 생각보다 더 일찍 시작되었네요!

우리나라의 경우엔 선진국보다는 한참 늦게 시작되었지만, 그래도 1990년대 후반부터 어느덧 30년 가까이 이 문제를 고민하기 시작했지. 다만 우리의 경우엔 시대적인 행운도 조금 있었어. 우리나라는 1970년대부터 본격적으로 해외 기술을 들여와서 발전소들을 건설했는데, 그때 유럽이나 북미의 화력발전소들은 이미 수십 년 전에 지어져서 노후화된 측면이 아주 많았거든. 그런데 발전소는 워낙 그 덩치가 크기 때문에 한번 건설하면 그걸 폐기하거나 증축하거나 새로 짓는다는 것이 정말 쉽지 않아. 그래서 많은 선진국에선 그런 옛날 설비들을 계속 쓸 수밖에 없었지. 우리는 아예 맨땅에서 시작했으니까 당시로서는 최신식 발전소를 지을 수 있던 거야. 똑같은 양의 전기를 생산한다고 했을 때 당시 서구의 구식 화력발전소에서 내뿜는 이산화탄소와 여러 오염물질 총량을 10이라고 한다면, 그때 새로 건설된 우리 화력발전소의 공해물질 배출량은 3 정도밖에 되지 않았어. 그럴 정도로 값싸고 공해 배출이 최소화된 발전소들이 건설될 수 있었다는 건 정말 행운이었지.

　아, 뒤늦게 경제 발전이 이루어져 좋았던 점도 있었네요.

맞아. 원자력발전소도 마찬가지였어. 우리나라 최초의 원자력 발전소인 고리 1호기가 1978년에 처음 가동을 시작했는데 당시로서는 이 발전소가 세계적으로도 가장 최신식 설비라고 할 수 있었단다. 역사적으로 볼 때 우리 원자력발전소 건설은 우리나라의 과학기술과 경제 수준에서 볼 때 대단히 빨랐고, 개발도상국 중에선 최초라고 할 수 있었어.

　내가 1980년대 후반에 한국전력에 들어가서 일할 때만 해도 그런 자부심이 고스란히 느껴졌지. 우리나라 전남 영광에 지은 한빛 3호기, 4호기 발전소는 미국 원자력회사 웨스팅하우스와 공동 설계로 지은 발전소였거든. 그런데 말이 공동이었지, 사실상 모든 설계는 웨스팅하우스에서 담당했고, 모든 기자재를 미국에서 다 수입했지. 우리는 입찰 때 공동 설계를 조건으로 내세우고 그 기술을 배우려고 노력했던 거야. 그때 웨스팅하우스 직원들은 '한국인이 단기간에 이 복잡한 설계를 배울 수 있겠어?'라며 코웃음을 쳤는데, 우리가 세계 최고 수준의 생산성을 달성하고 효율적으로 발전소를 돌리는 걸 보고 다들 깜짝 놀라기도 했어.

그때 우리 산업 일꾼들이 정말 밤을 새워가면서 설계 기술을 배우고 공부하려 노력했던 기억이 생생해. 그 직후 울진 3호기, 4호기부터는 우리가 독자적으로 원전을 설계하고 시공할 수 있었어. 그런 기술력을 바탕으로 2000년대 초반까지 고리와 월성, 영광, 울진 등에 총 20여 기의 원전이 건설되어 이후부터 우리나라 전력 생산량의 25% 남짓을 책임지고 있지. 한국의 경제 발전이 단시간에 성공할 수 있었던 뒤에는 이런 발전소에서 싸고 풍부한 전력 공급 덕분이었던 걸 부정할 순 없어. 모든 공장은 전기의 힘으로 돌아가잖아. 값싼 전력에 의존해서 산업 발전이 아주 크게 가속화될 수 있었지.

원자력발전소의 미래는 어떻게 보세요?

지금은 국가적으로 원전을 계속 증설할 것인지, 아니면 이제 신재생에너지 쪽으로 옮겨가서 태양광 풍력발전소를 더 많이 건설할 것인지에 관해서 사람들의 관심이 쏠려 있지? 전 세계적으로도 마찬가지이고. 물론 그렇다고 해서 모든 원자력발전소를 한꺼번에 다 퇴출시키는 나라는 없어. 그건 어느 나라에서나 원자력이 그만큼 효율이 좋은 에너지원이기 때문이야. 우리나라도 원자력발전소를 짓는 기술이 정말 뛰어나고, 오히려 이제는 그 기술력의 차원에서 우리에게 설계와 시공을 전수해 준 미국이나 유럽을 뛰어넘는 수준에 도달했다고 해도 틀리지 않아.

　나는 우리 원자력발전소 건설의 역사에 관한 자긍심도 크고, 이 발전소들이 우리나라 경제 발전에 정말 커다란 역할을 했다는 걸 부정하지도 않아. 그렇지만 우리가 이 원전 문제에서만큼은 지금보다 훨씬 더 안전성과 지속가능성을 중시해야 한다고 생각해. 원자력발전에 따른 방사능 유출의 위험은 우리 곁에 상존한다고 해야 할 테니까. 다만 원자력발전의 미래에 대해서는 달리 생각해볼 수 있는 점이 한 가지 더 있어. 원자력발전소는 현대 과학기술의 표상이라고 할 수 있을 만큼 최신 기술이 녹아 있고, 그 덩치 또한 화력발전소나 다른 발전 시설들에 비해 그야말로 엄청나게 크지. 그만큼 건설비가 많이 들고, 또 그 시설을 폐쇄하는 데에도 그야말로 천문학적인 비용이 필요하단다. 그러니 함부로 중단할 수도, 아예 폐쇄하기도 어려운 거야. 어쩔 수 없이 일단 지어진 발전소는 설계 수명이 다할 때까지 그대로 사용하는 것이 최선의 대안인 측면도 있기는 해. 물론 설계 수명이 다한 발전소들은 폐쇄하는 것이 마땅한 건 분명하지만 말이야.

맞아. 일본의 동일본대지진과 후쿠시마 원자력발전소 사태를 보면서 나도 정말 여러 가지 생각이 들었어. 바로 그 일이 벌어지기 직전까지만 해도 일본은 원자력 대국이자 원자력 안전성 확보 최우수 국가로 널리 세계적인 칭송을 받았거든. 그러니 원자력발전에 대해서만큼은 제아무리 안전을 강조해도 지나치지 않다고 생각해. 바로 이런 관점에서 지난 몇 년 동안 진행되었던 우리나라의 원자력 정책이 옳았다고 생각하고.

우리나라에선 2017년 고리 1호기, 2019년 월성 1호기 원전이 폐쇄되었고, 2023년엔 고리 2호기가 설계 수명이 만료되어 운전을 멈추었어. 그런데 새 정부가 들어서면서 이런 단계적 폐쇄 정책에 금이 가고 있어. 한국수력원자력은 이 고리 2호기의 수명을 연장해서 2025년부터 재가동하려는 절차를 밟고 있단다. 이건 정말 잘못된 결정이야. 이렇게 오래된 원전은 폐쇄해야 마땅하고, 과감한 정책적 결단이 따라야 해. 우리나라에서 초창기에 만들어진 발전소는 시스템 자체가 현재와 다르고, 그런 구식 시스템을 쓰던 캐나다 등 여러 나라에서도 이미 폐쇄된 지 오래야. 구식 시스템의 가장 큰 약점은 방사능 물질의 외부 유출이 구조적으로 많다는 건데, 워낙 노후되었으니 그 정도가 훨씬 더 심해질 수밖에 없지. 진작 폐쇄했어야 하는

데 당면한 문제 해결에 급급해서 실행하지 못했어.

왜 그렇게 지지부진할까요?

나는 아무래도 원자력에 대해 친숙한 편이고, 수십 년간 환경영향평가의 책임자로 원자력발전소에도 정말 많이 다녀왔어. 발전소 관계자들과 지역 주민들도 많이 만났고. 그래서 오래전부터 국회와 여러 시민단체로부터 초청을 받아 내 의견을 발표할 기회도 많았단다. 나는 그때마다 늘 강조했어. 원자력발전 자체의 문제보다도, 이 발전소에 대한 관리와 감독이 정말 큰 문제라고.

리아야, 혹시 '원전마피아'라는 말을 들어본 적이 있니? 앞서 내가 원자력발전소가 현대 과학기술의 총아라고 할 수 있다고 했잖아. 그만큼 전문 기술이 요구되니까 자연스레 일부 원자력 전문가들만이 발전소 설계와 건설, 운영 등을 전담할 수밖에 없었어. 또 발전소의 건설과 유지에도 그야말로 엄청난 비용이 들어가니 자연히 산업계의 '큰손'들만 참여할 수 있고. 여기에 더해 국제적인 기술 이전 문제나 복잡한 인허가 과정도 뒤따를 수밖에 없거든. 그래서 일단의 전문가 그룹, 경제계와 산업계의 큰손, 정·관계 거물들이 모여서 아주 긴밀한 집단으로 뭉쳐 있는데, 우린 그들을 가리켜 원전마피아라고 부르지.

그런데 이렇게 자기들의 이권과 독점적인 기술로 뭉친 그 사람들이 과연 원자력발전소의 안전성 문제에 대해 얼마나 신경을 쓰고 있을까? 우리 일반 시민들이 그들 전문가와 거물 집단을 얼마나 잘 감시할 수 있을까? 우리나라는 원자력 규제 기구도 제대로 독립되어 있지 않고, 지역 주민 차원에서 전문가들과 협력해 제도적으로 구축한 감시 기구도 부족해. 또 많은 원자력발전소 벨트가 서울이나 수도권처럼 인구 밀집지에서 멀리 떨어진 저 멀리 해안가에 위치해서인지, 그 현장에 가서 이런 문제를 직접 살펴보고, 정말 자기 문제처럼 고민하는 중앙의 정치인, 관료, 언론인을 찾기가 너무 힘들어.

그러면 할아버지, 화력이나 원자력 대신 신재생에너지가 대안이 될 수 있을까요?

신재생에너지에서 대표적으로 이야기되는 건 태양광과 풍력에너지이고, 우리나라에서 유효한 것도 이 두 개뿐이라고 할 수 있어. 그리고 우리나라의 지리적, 환경적 특성상 그 어느 것도 우리에게 그리 유리하지 못한 건 사실이야. 태양광의 경우엔 전반적인 일조량이 부족한 형편이고, 땅도 비좁고 평지도 적어서 마땅히 발전소를 건설할 수 있는 부지를 찾기가 그리 쉽지 않아. 또 우리나라는 사계가 뚜렷하잖니? 여름철 장마 기간에는 안정적인 발전이 힘들고, 또 겨울엔 겨울대로 일조 시간이 짧아서 충분한 전기를 얻기가 어렵단다. 여기에 더해 여름과 겨울철 냉난방 수요가 워낙 크기에 태양광발전으로는 그걸 감당하기가 쉽지 않은 게 사실이야. 그런 면에서 여러 한계가 있는 나라지.

풍력발전의 경우엔 그보다 사정이 더 딱해. 풍력발전을 하려면 일 년 내내 강한 바람이 부는 게 필요한데 우린 강원도 태백산맥 등 일부를 제외하면 그런 적지를 찾는 것조차 쉽지 않아. 또 워낙 커다란 터빈을 돌려야 하니 소음과 진동 문제로 생태계에 미치는 악영향 또한 무시할 수 없지. 또 여전히 소음 공해, 저주파 발생이라는 문제도 있어. 발전소 인근에 사는 사람들은 그런 문제 때문에 밤에 잠도 제대로 못 자는 경우가 많거든. 두 발전 방식 다 우리나라의 여건에선 다소 아쉬운 점이 큰 건 분명해.

그렇다면 우리나라가 신재생에너지로 넘어가는 건 힘든 것 아닐까요? 환경을 지켜가는 일도 중요하지만, 몇 시간만 정전이 일어나도 우린 다 너무 불편을 겪곤 하니깐요.

그래서 여전히 많은 고민을 하고 있고, 어떻게 가장 효율적으로 신재생에너지를 보급하느냐 하는 것이 현재의 우리에게 주어진 최대의 과제라고 해도 좋을 거야. 앞으로 더 적극적인 투자가 필요하고 기술력 확보도 이뤄져야겠지. 네 말대로 너무 급격한 변화는 좋지 않아. 지금은 신재생에너지 보급 확대가 마치 화력발전과 원자력발전을 축소하고 그것들을 대신하려 한다고 생각하는 사람들이 많은데, 그건 옳은 생각이 아니야.

우리가 앞에서 시간이 중요하다는 말을 여러 차례 했던 걸 기억하니? 화력발전은 온실가스를 비롯한 대기오염 발생 문제 때문에, 원자력발전은 안전성의 문제 때문에 점차 퇴출이 되어야 한다면, 결국 신재생에너지가 그 대안이 될 수밖에 없단다. 하지만 그것도 우리나라 환경 여건에서는 상당한 한계가 있을 수밖에 없거든. 이런 상황에서 최선의 대책은, 결국 너무 서두르지도 말고, 그렇다고 너무 지체하지도 말고 우리의 경제적 여건과 세계의 추세를 감안해서 그 교체의 속도를 적절하게 조절하는 것이겠지. 다만 노후화된 원자력발전소는 우리 국민의 안전을 위해 과감하게 폐쇄하고, 전반적인 감독과 관리를 더 철저하게 한다는 건 우리가 꼭 명심해야 하는 사안이고.

사실 이건 우리만의 문제가 아니야. 이제는 전 세계적인 기후변화와 시민의 안전이 중요하다는 문제의식 때문에 그런 발전소 교체의 추세를 막을 수가 없어. 비단 선진국에서뿐만 아니라 일부 개발도상국에서도 화력발전과 원자력발전을 지양하고 있단다. 더욱이 지금 국제 질서를 리드하는 세력이야 더 말할 것도 없어.

혹시 'RE100'이라는 말을 들어보았니, 리아야? RE100은 'Renewable Energy 100'의 약자인데, 2050년까지 자기들이 사용하는 전력 100%를 태양광, 풍력, 수력 등 재생에너지로만 조달하겠다는 다국적기업과 환경단체들의 캠페인이야. 애플과 구글, 마이크로소프트, 인텔, 나이키, 스타벅스, BMW 등 400여 개 대기업들이 여기에 동참하고 있는데, 우리나라 경제를 지탱하는 건 제조업에 기반한 수출이잖니? 그러니깐 이런 기업들에 부품을 공급하거나 제조 협력을 하기 위해선 불가피하게 RE100에 참여할 수밖에 없지.

그래서 삼성전자와 현대자동차, SK하이닉스 등 우리나라 유수의 기업들도 이미 RE100에 동참해서 그런 추세를 따라가려고 노력하고 있어. 그런 기업들은 세계 시장에서 뒤처지지 않으려 굉장히 현실적인 선택을 한 거야. 그런데 이처럼 산업계가 느끼는 시급성을 우리 정부가 애써 무시하고 다른 방향으로 에너지 정책을 끌고 간다고 하면 그건 잘못이야. 오랜 시간이 걸리더라도 여러 차원에서 신재생에너지의 확대를 고민하는 게 맞지.

국토가 좁고 자원이 부족하니, 여러모로 고민해야 할
게 많네요!

맞아. 그리고 세계 경제의 흐름을 주도하는 나라들이 얼마나
철저하게 자국의 이익을 대변하고 있는지도 들여다봐야 해. 유
럽의 선진국들은 기후변화와 지구온난화 문제가 수면 위로 떠
오르던 1990년대부터 벌써 중국에 자국의 대다수 제조업을 다
넘겨버렸어. 제조 시설이 줄어들면 전기 사용도 줄어드니까 노
후된 발전소부터 쉽게 폐쇄시킬 수 있었던 거야. 이를 통해 자
국 내의 이산화탄소 발생량과 대기오염 물질 배출량도 역시 확
줄일 수 있었겠지? 이미 그 사람들은 자국에서의 에너지 과소
비 산업을 다 정리했고, 발전 시스템 역시 확고한 다변화 정책
을 준비한 이후에 기후변화 국제 협약을 준비했던 거야. 그래
서 나는 선진국들이 개발도상국을 향해 재생에너지 운운하는
걸 볼 때마다 '저게 부잣집이 가난한 집을 향해서 너희는 왜 깨
끗한 전기 대신 석유난로를 써서 온실가스를 발생시키느냐고
시비 거는 꼴과 뭐가 다르지?'라고 생각할 때가 많단다. 하하.

그렇지만 우리가 독야청청 우리만의 길을 갈 수도 없어.
우리나라는 그런 선진국들과 세계 시장 한복판에서 서로 경쟁
하고 서로 협력하며 우리가 먹고살 길을 계속 고민해야만 하는
나라니깐. 자국의 사정과 세계의 질서를 냉철하게 바라보고,

우리가 다른 나라들과 어떻게 다른지를 명확히 인식하면서 유연하게 대처해야겠지. 세계 역사는 항상 예기치 못하게 흘러가서, 2022년 러시아와 우크라이나가 전쟁을 벌일 거라고 누가 예측이나 했겠니? 유럽은 동유럽과 러시아에서 공급되는 풍부한 천연가스로 상당 부분 에너지를 충당했는데, 만약 러시아의 돌발 이슈로 천연가스 공급을 중단한다면 무슨 일이 벌어질까 하는 시나리오가 없었던 건 아니었어. 그래도 설마였지, 저 정도로 문제가 장기화하는 데까지는 대비가 충분히 되지 않았던 것이 분명해. 그래서 에너지 부족 이슈가 다시 부상할 수밖에 없었던 거야. 최근에는 영국이나 프랑스가 원전을 확대한다는 이야기도 나오고 있지만, 세계의 많은 전문가들은 원전을 타격할 수 있는 심각한 폭풍이나 홍수의 위협, 그리고 핵폐기물 처리와 해양오염 등의 안정성 문제를 지적하고 있단다.

역시 에너지 문제는 참 어렵네요. 우리가 지혜롭게 해결해나갈 수 있길 바랄 뿐이에요. 그래도 안전을 강조하는 할아버지 말씀이 기억에 남아요!

맞아. 설령 어렵고 부담스럽게 느껴지더라도 우린 앞으로도 절대 관심을 놓으면 안 돼. 과학기술의 발전을 받아들이더라도, 그에 대한 철저한 감시와 토론만이 우리 사회를 지킬 수 있을 테니깐. 이번에는 우리 일상에 더 가까운 이야기를 해보자, 리아야. 플라스틱 문제에 대해서는 너도 많이 들어보았지?

네. 플라스틱과 미세플라스틱 문제는 워낙 많은 곳에서 접할 수 있으니깐요.

맞아. 플라스틱 폐기물 문제는 정말로 심각한 환경문제야. 우리가 한 번 사용하고 버렸던 플라스틱 제품들이 제대로 처리되지 않고 버려진 결과, 지금 상당수가 전국 곳곳의 야산과 골짜기에 그대로 쌓여 있어. 또 그런 폐기물의 일부가 바다로 흘러들어서 연안을 오염시키거나 태평양 북쪽 바다에는 거대한 플라스틱 섬이 형성되어 있고. 또 그렇게 버려진 플라스틱 조각들에서 미세플라스틱이 방출된다는 뉴스도 자주 들려오지.

플라스틱 폐기물 문제는 대기오염이나 수질오염 등 다른 환경문제들과는 달리 우리의 경제력이 향상될수록 오히려 그 문제가 점점 더 심각해진다는 특성이 있단다. 경제가 발전하면 플라스틱을 점점 더 많이 사용하는 측면도 있고, 또 그 심각성은 알아도 막상 그 폐기물이 우리 눈에서 멀찌감치 벗어나 있고, 우리가 그 문제에 따른 불편함을 거의 체감할 수 없기에 더 해결이 어렵다고도 할 수 있어.

코 속에 들어간 플라스틱 빨대 때문에 죽은 바다거북이나, 죽은 고래의 배 속에 들어찬 플라스틱 폐기물 사진은 저도 봤어요. 정말 끔찍했죠.

모든 물질은 인간이 사용하고 나면 버려질 수밖에 없지만, 특히 플라스틱은 그 싼값과 절대적인 편리성 덕분에 제품 수명이 유난히 짧아. 바로 이 때문에 우리가 버리는 쓰레기 중에서 가장 많은 부분을 플라스틱이 차지하는 것이기도 하고. 우리가 일상적으로 소비하는 식품과 음료를 비롯해서 매일매일 생활하는 데 꼭 필요한 대부분의 생필품은 그 주된 내용물이나 포장재가 거의 모두 플라스틱이란다. 거기다가 요즘은 의자나 테이블, 책상 등도 플라스틱 제품이 많고 냉장고나 세탁기 등도 플라스틱으로 외형이 만들어져 있어. 우리가 입는 옷의 상당 부분도 석유에서 생산된 합성섬유가 그 원료이니 플라스틱 제품이라고 해도 좋을 거야. 게다가 사무실이나 학교, 병원, 공장과 공사장 등 각종 산업 현장 등에서도 알게 모르게 무수히 많은 플라스틱 제품들이 사용되고 있지. 또 농부들이 사용하는 농기구와 농자재, 어부들이 타는 어선은 어떨까? 농약과 비료의 포장재, 멀칭용 비닐, 비닐하우스 재료, 어선의 그물과 밧줄과 어구와 낚시 장비 등등 플라스틱 제품의 목록은 정말로 끝이 없어. "현대 생활이란 곧 플라스틱을 사용하는 생활"이라고 할 수 있을 정도로 말이야.

우리나라가 다른 나라보다 더 심한가요?

사실이야. 우리는 세계적으로 최고 수준의 플라스틱을 배출해. 하지만 우리가 그렇게 플라스틱을 많이 사용하는 데에는 다 나름대로 이유가 있어. 먼저 우리가 잘 아는 대부분의 선진국들은 우리보다 인구에 비해서 국토 면적이 훨씬 더 넓고, 따라서 사용 가능한 천연자원도 우리보다 훨씬 풍부해. 특히 목재 생산이 많아서 플라스틱을 대체할 수 있는 펄프 생산이 월등히 많아. 그래서 가격이 우리보다 훨씬 저렴하지. 또 우리나라는 다른 나라들보다 공산품 생산 비중이 크게 높고 수출도 아주 활발해서 플라스틱 사용이 훨씬 많을 수밖에 없어. 또 아직 화학공업 인프라가 많이 남아 있어서 플라스틱 제품을 싸게 생산할 수 있다는 점도 다른 한 가지 이유가 될 거야. 그리고 좁은 국토 면적으로 인해서 인구의 도시화율이 크게 높은 것도 플라스틱 사용을 부추기는 한 원인이겠지. 좁은 공간에 몰려 살자니 주거비용이 높을 수밖에 없고 그런 데에서 살 수밖에 없으니 모든 생활용품들도 되도록 가볍고, 부피를 적게 차지하고, 버리기도 쉬운 것을 찾을 수밖에 없어. 플라스틱이 딱 안성맞춤이라는 것이지.

그래도 이런 분위기를 바꾸려는 노력이 펼쳐지고 있잖아요!

맞아. 우리나라에서도 최근 일회용 포장지와 커피잔 사용을 규제하고 대신 에코백과 텀블러를 이용하는 운동도 활발히 이뤄지고 있지. 물론 그런 캠페인도 의미가 있겠지만, 나는 훨씬 더 근본적인 해결이 필요하다고 생각해. 일회용품을 사용하지 말라는 정책이나 캠페인의 취지는 좋은데, 그러자니 에코백과 텀블러 때문에 오히려 더 많은 자원이 낭비되고 있다는 뉴스도 사람들 입에 오르내릴 정도니깐. 이제 우리에게는 좀 더 실질적이고 구체적인 플라스틱 대책이 필요해. 물론 플라스틱 사용을 줄이고, 분리배출을 더욱 착실히 하고, 재활용을 강화하자는 것도 좋지만, 이 문제가 그런 방식으로만 해결될 수 있는 건 아니야. 리아야, 우리가 아파트나 빌라에서 그렇게 착실히 분리수거를 하는데도, 또 온 나라가 '쓰레기 대란'을 외치는데도 전국적으로 수백 개의 무법적인 플라스틱 쓰레기 산이 남아서 인근 주민들의 건강과 안전에 커다란 위협이 되고 있다는데, 이건 대체 무엇 때문일까?

왜 그런 걸까요, 할아버지?

결국 우리 공동체가 이 문제를 제대로 들여다보면서 관리하지 않고, 이 문제를 하찮게 생각하면서 외면하고 있었기 때문이야. 우리나라 모든 주요 환경문제의 해결 주체는 환경부야. 그런데 플라스틱 쓰레기를 비롯한 폐기물 처리 행정은 본질적으로 그런 중앙정부 차원의 행정 처리가 별로 힘을 미치지 못해. 그 발생부터 처리까지 거의 대부분의 문제를 기초지자체 단위에서 해결해야 하고 그것이 어려울 경우에는 어쩔 수 없이 광역지자체가, 또 그것도 어려우면 결국 환경부가 나서야 하는 문제이기 때문이야. 즉, 여전히 쓰레기 처리 문제의 기본 주체는 기초지자체인 것이지.

그런데 그들은 골치 아픈 쓰레기 처리 문제, 그중에서도 특히 플라스틱 폐기물 처리 문제에 함부로 나서기를 꽤나 어려워해. 선거에 의해 선출되는 지자체장들은 지역 주민들과 환경단체의 눈치를 살피지 않을 수 없기 때문이거든. 바로 이 사이에서 관리와 규제, 감독이 느슨해지는 일이 발생해. 지역 주민들이 배출하는 폐기물은 민간 처리업자가 수거해서 처리하고 있고, 그 비용을 지자체에 청구한단다. 그런데 그 처리 단가도 현실적이지 않을뿐더러 쓰레기 처리 기술의 개발이라든지 적절한 선별 기준의 확보 등에는 제대로 투자가 이뤄지지 않았어. 일부 재활용 쓰레기 수거 업체들의 경우 지자체 공무원이나 지역 정치권과 결탁하거나 유착해서 쉬쉬하는 경우도 많았지. 한마디로 말해서 제대로 된 관리 체계도 없이 민간에 떠넘긴 채 아무도 책임을 지려 하지 않았던 거야.

그럼 어떻게 이 문제를 풀어가야 할까요?

시민들이 자발적으로 플라스틱 사용을 줄이고, 정부가 그런 방향으로 정책적인 유도를 하는 것도 중요하겠지만, 우리나라의 전반적인 토양에선 아직까지 플라스틱이 편리하게 활용되는 현실을 반드시 직시해야 해. 나는 무엇보다도 쓰레기 소각에 관한 우리 사회의 인식이 바뀌어야만 한다고 강조하고 싶어. 물론 쓰레기 중에서도 플라스틱 폐기물 소각은 사실 그렇게 쉽진 않단다. 유해한 화학물질 배출을 막기 위해서 일반 쓰레기들보다 온도가 높은, 아주 고온에서만 태워야 하기 때문이야. 그렇지만 우리도 이제는 그런 고도의 기술력을 충분히 구비했고, 우리나라와 환경 여건이 비슷한 일본에서는 우리보다 훨씬 소각이 활발해. 일본 도쿄는 지역 내 23개 구 중에서 21개 구 전역에서 1곳씩 친환경 소각장을 운영하고, 거기서 발생한 폐열로 냉난방 에너지나 전기를 생산하지. 이런 자원순환의 과정 때문에 요즘은 '소각장' 대신 '자원회수시설'이라는 이름으로 이 시설을 부르는 것이 보통이야.

그런데 우리는 지금도 이런 시설을 '유해 혐오시설'로 기피하고 있어. 자기가 사는 지역엔 절대로 소각장을 지으면 안 된다는 현수막이 전국 곳곳에 나붙고 있는 게 현실이야. 한때 는 물론 우리나라의 소각장과 화력발전소에서 발생하는 대기 오염 문제가 심각했던 걸 부정할 순 없어. 그래서 사람들이 그 런 시설을 두려워하고 반대하는 것 자체를 비판할 수는 없겠 지. 그렇지만 최근의 소각장들은 집진 장치나 촉매 장치들을 통해서 다 후처리를 하게 되고, 따라서 배기가스 유해 물질은 거의 자동차 수준으로 낮아진 게 사실이야.

결국 지역 주민들의 반발을 무릅쓰는 게 중요한 일이 겠네요.

맞아. 각 지자체별로 지역 주민들과 오랫동안 소통하는 과정이 필요할 거야. 지자체가 나서서 더욱 열과 성을 가지고 주민들 을 설득하는 과정이 필수적이겠지. 쉽지 않은 일이겠지만, 아 마 지름길은 없을 거야. 우리가 '혐오시설'이라 여기는 필수적 인 사회 기반 시설을 모두 자기 주위에 짓는 일을 반대한다면 이 문제의 해결은 요원할 수밖에 없단다. 결국 이 플라스틱 문 제, 쓰레기 문제에서도 시민들 한 사람 한 사람의 마음이 바뀌 는 게 얼마나 중요한지 잘 알 수 있지 않니, 리아야?

물론 지자체와 주민들에게만 맡겨놓을 문제는 아니야. 중앙정부의 역할도 중요해. 플라스틱 폐기물의 소각과 재활용에는 고도의 기술이 요구되고 또한 공정의 개발과 설비의 건설에도 매우 많은 비용이 소요되기 때문이야. 현재는 민간업자들에게 마구잡이로 떠맡겨진 폐기물 선별에 대해서 더욱 엄격한 절차적인 기준도 마련되어야 하고 기술 개발을 위한 지원에도 힘써야겠지. 분리배출을 보다 쉽게, 보다 합리적으로 해서 재생원료의 품질을 높일 기술을 개발하는 일도 중요할 거야. 또 플라스틱 폐기물을 열분해해서 고부가가치 재활용품으로 전환하는 기술에 대한 연구도 더 활발히 이뤄져야 해. 플라스틱 폐기물은 본래 석유에서 만들어졌으니 그것을 액화시키면 다시 원래 석유의 성분으로 되돌릴 수 있어서 다양한 형태의 건축자재 원료로 만들 수도 있거든.

에너지와 플라스틱 문제는 참 많은 걸 생각해야 하는 것 같아요. 그래도 지혜로운 해결이 가능하겠지요?

잘 들어주어서 고마워. 맞아. 정말 쉽지 않은 문제이고 많은 사람들이 계속 머리를 맞대야겠지. 언제나 시민의 안전을 고려하는 게 최우선이 되어야겠고, 또 과거부터 누적되었던 불신을 천천히 씻어내는 노력도 필요할 거야. 눈에 보이는 일부터 작은 실천을 해나가는 것도 중요할 테고. 또 우리가 그간 보지 못했거나 애써 보지 않으려고 했던 문제의 본질을 정면으로 바라보고 그 근본적인 해결책을 모색하는 것도 중요하겠지.

특히 에너지와 플라스틱의 문제에 관해서는, 나는 "가장 중요한 것은 눈에 보이지 않는단다."라는 『어린 왕자』의 가장 유명한 구절을 네게 들려주고 싶어. 두 가지 다 우리와 매일매일을 함께하는 가장 가까운 것들이지만, 그게 유용하고 편리한 만큼 얼마나 위험한지, 우리 삶에 얼마나 심각한 해를 끼칠 수 있는지는 우리 눈에 잘 보이지 않으니깐. 그리고 바로 그런 게 우리의 미래를 결정할 수 있는 정말 중요한 사안일 테니깐 말이야.

너의 행복한 삶이
세계를 바꿀 수 있으니까
9

할아버지 말씀을 들으니 저도 우리 사회와 정책에 더
관심을 가져야겠다는 생각이 들어요.

그렇게 생각해주다니 다행이구나, 리아야. 나는 네가 기후변화
와 환경문제에 관심을 가지는 것도 좋지만, 그만큼 정말로 재
미있고 흥미진진한 어린 시절을 보내고 너만의 자유로운 삶을
살아갔으면 좋겠어. 10대 시절은 한 사람의 인생에 있어서 정
말로 중요하단다. 이때 공부에 시달리고 학교나 부모가 시키는
대로만 했던 사람은 성인이 되어서도 별로 행복하지 못하기가
쉬워. 나중에도 스스로 생각하는 습관을 기르지 못하고, 뭘 주
체적으로 해야겠다고 생각해서 하는 법이 없지. 그러면 나중에
는 세상만사가 다 귀찮아지고, '귀찮아'와 '힘들어'를 입에 달

고 사는 사람이 되는 거야. 그런 이들은 무엇을 맛있고 건강하게 요리해서 가족들과 나누는 법도 모르게 되고, 화창한 휴일에 집 앞 공원에 나가서 즐겁게 산책하는 것도 힘들어해. 그렇게 인생의 재미를 누리지 못하는 어른들을 내 주위에서도 심심치 않게 만날 수 있었단다.

　　저도 좀 더 재미있는 삶을 살아가고 싶어요! 저도 무엇에 너무 시달리지 않는, 귀찮아하지 않는 사람으로 자라날 수 있겠죠?

나는 네가 그렇게 커나갈 수 있으리라 믿어. 다른 사람들의 말이나 행동에 너무 의존하지 말고, 자발적으로 네가 좋아하는 일을 찾아서 즐겁게 해나갈 수 있는 사람이 되었으면 좋겠단다. 너희 엄마에게도 그랬는데, 할아버지와 할머니는 네 엄마에게 공부 안 한다고 야단친 적이 한 번도 없어. 대신 책방과 도서관에 많이 데리고 다니긴 했지. 성경 말씀에도 있지만, 아이들은 적당한 여건만 만들어주면 스스로 자기 운명을 찾아서 잘 자란단다. 조금 둔한 아이, 똑똑한 아이, 잘생긴 아이, 어벙한 아이…. 이렇게 다양한 아이들 모두가 신이 주신 선물이야. 이 아이들을 사회에서 밝은 영혼으로 자라나게 만드는 게 부모의 책임이고, 어른들의 책임이지. 닦달하고 야단친다고 되는 게 아니야.

　할아버지는 공부를 열심히 하란 이야기를 거의 하지
　않으시네요!

우리나라가 워낙 부와 권력이 중요한 사회라고 앞서 길게 이야
기하지 않았니? 부모가 자신이 쌓아 올린 기득권을 놓치지 않
기 위해서, 자기 아이의 학창 시절부터 기득권에 포함되는 직
업을 택하도록 강요하는 분위기가 여전히 너무 강고해. 아무
도 그렇게 대놓고 말하진 않지만, 부의 대물림, 권력의 대물림
을 장려하고 다들 남보다 앞서가려고 하는 게 우리 문화란다.
나는 지금까지 살아오면서 그런 걸 중요하다고 생각한 적이 단
한 번도 없어. 그래서 네가 한 인간으로서 살아나가는 데 방해
가 될 그런 짐을 지워주고 싶은 생각이 처음부터 하나도 없었
단다.

　그래도 제가 공부를 잘하고 좋은 직업을 가지면 좋겠
　단 마음은 없으세요?

응, 나는 그런 마음은 전혀 없어. 나는 너희 엄마가 네 아빠를,
그러니깐 나의 사위 될 사람을 처음으로 데려왔을 때 직업이

무엇인지조차도 물어보지 않았어. 네 엄마가 사랑하는 사람이면 그걸로 된 거지, 그 사람의 직업이 뭐고 가진 게 뭐가 있고 그런 게 뭐가 중요해?

나는 학교에서 공부 잘했던 사람, 좋은 대학을 나온 사람이 사회에 나와서는 실패도 좀 하고 그러는 게 공평한 사회라고 생각해. 나는 속으로 이렇게 묻곤 해. 학교에서 공부를 못한 아이라면 사회에 나와서 좀 더 잘되는 게 오히려 좋은 일이 아닐까? 학교에서도 내내 남들의 칭찬을 받은 아이가 졸업 후에도 그 덕에 승승장구한다면 그건 뭔가 부당한 건 아닐까? 10대 시절에 1등만 했던 사람이 나중에 기득권층이 되어 우리 사회의 모든 자원을 독식하는 게 아직도 대한민국 사회라고 할 수 있는데 그건 잘못된 거라고 봐. 만약 그런 문화가 바뀔 수만 있다면 아이들이 중·고등학교 다니며 그렇게 죽어라 공부를 안 해도 될 거야. 영혼이 다 소진된 채 축 처져서 삶이 따분해진 어른이 되지 않아도 될 거라고.

이제는 우리도 그런 시스템을 좀 고쳐서 덜 배우고 덜 노력해도 누구나 다 편안하게 살아가는 나라를 만들어야 해. 나는 설령 누군가가 학력이 낮아서 일자리를 못 찾으면, 그들이 자신들의 적성에 맞는 일자리를 찾고 안정적인 삶을 누릴 수 있도록 돕는 것이 우리 사회의 공동 책임이 되어야 한다고 생각한단다. 지금의 시스템을 그대로 방치해서 모든 사회 구성원들이 죽어라 노력하고, 계속 자기가 안전하게 서바이벌할 수 있는 방법을 찾고, 남을 이기려고 애쓰기만 한다면 그야말로 만인에 의한 만인의 고통이 계속되는 거지.

그렇지만 여전히 많은 집에서 공부, 공부를 외치던데요….

그게 다 불안해서 그런 거야. 지금 학부모들이 불안하다는 건, 이제까지 자기 경험에 비춰보았을 때 내 자식이 불안하게 보인다는 것이겠지? 나도 옛날에 굉장히 불안했는데 지금 이놈도 앞으로 불안을 겪지 않을까, 그렇게 생각하기 때문에 자식들을 몰아붙이는 거겠지. 하지만 리아야, 이제 사회가 바뀌었단다. 그때 불안했던 것들의 대부분은 지금 별로 불안해할 필요가 없는 세상이 되었단다. 우리가 이제 국민소득 3만 불의 나라가 되었잖아. 그러면 삶과 가족과 인생의 패러다임이 완전히 달라져야 하는데, 우리는 여전히 매사에 쫓기면서 살고 있는 것 같아.

지금 학부모들이 너희 나이었을 때는 우리나라의 연간 경제성장률이 10퍼센트를 넘고 그랬어. 지금은 어떠니? 2퍼센트나 3퍼센트가 나오면 선전한 셈이야. 주요 선진국들은 1퍼센트 미만이거든. 그럼 우리가 앞으로 어떻게 될까? 계속 내 세대나 너희 부모 세대들처럼 더 높은 곳, 더 부유한 곳을 향해서 올라가듯 사는 게 맞을까? 모든 나라가 다 어느 수준에 이르게 되면 슬로우하게 바뀔 수밖에 없는 법이야. 그런데 지금 우리나라는 아직도 고도성장의 관행이 남아 있고, 사람들이 과거 마음속의 관행을 버리지 못해서 우리가 우리 스스로 만족하지 못하고 있는 거지.

그렇지만 할아버지처럼 공부를 열심히 한 사람이 우리나라에 기여를 더 많이 한 것은 맞지 않을까요?

앞에서 우리나라의 원자력발전소가 어떻게 지어졌는지 네게도 들려주었잖아. 그때 우리는 추격형 경제였고, 빨리 선진국 기술을 베껴서 도입하는 게 국가적인 사명이었어. 그런 시절에는 주입식 교육을 잘 받은 사람이 최고로 유능할 수밖에 없었던 거지. 여러 측면에서 아주 운이 좋았다고 할 수 있고, 그런 시대적인 덕을 우리가 본 거지. 그런데 지금은 어떨까? 세계적인 수준에서 새로운 아이디어는 어디에서 나올까? 끊임없이 탐구하고, 생각하고, 서로 토론하는 가운데서 나오는 것 아닐까? 그렇다면 가장 창의적인 인재를 배출할 수 있는 교육이란 어떤 것일까? 그런 교육은 주입 일변도의 학습 방식과는 거리가 멀다는 게 내 생각이야. 나는 우리나라 교육이 완전히 뒤바뀌어야 한다고 생각해. 이 시대에 가장 중요한 건 창의성이고 스스로 생각할 수 있는 능력을 기르는 일인데, 지금 우리나라 학교 현실은 그런 면에서 너무 취약하다고 할 수 있지.

　스스로 생각할 수 있는 능력! 저도 그걸 잘 기를 수 있을까요?

역시 시간이 중요한 일이라고 생각해. 지구를 바꾸는 일도 시간이 필요하고, 한 사람을 길러내는 일도 시간이 필요하지. 네가 어렸을 때부터 책을 참 좋아했던 것을 할아버지와 할머니는 알고 있단다. 네가 다섯 살 즈음인가 우리 집에 와서 네 할머니에게 이렇게 말했어. "저는 학교 선생님이 되려고 했는데요, 저는 아침잠이 많은데, 선생님이 되면 아침에 일찍 일어나야 되잖아요? 저는 느긋하게 일어나서 커피 한잔 즐기면서 아침잠을 즐기고 싶으니 학교 선생님 되기는 힘들겠네요." 그 말을 듣고 우리가 어찌나 웃었는지 몰라. 한참 지나서는 또 이렇게 말하기도 했어. "나도 할아버지처럼 과학자가 되면 좋겠어요." 그래서 우리가 "노력하면 되지. 앞으로 힘내보렴." 이렇게 말해주었는데, 넌 우리에게 이런 말을 들려준 게 기억 안 나지?

　제가 그런 말을 했었다고요? 하하하.

자라면서 그런 마음이 몇 번은 바뀌어야 하고, 어른은 아이가 그렇게 바뀌도록 놔두어야 해. 우리 땐 그렇지 못했단다. 아이가 공부를 좀 잘한다 싶으면 "너는 공부 잘하니깐, 어서 공부 더 해. 공부해서 어디어디 대학에 꼭 들어가야 한다." 이런 식으로 다들 난리였지. 설령 부모가 그렇게 노골적으로 떠밀지는 않는다고 해도 은근히 기대하는 마음을 표출하는 것까지는 막을 순 없었고, 아이들도 그걸 다 느낄 수 있어. 나는 네가 그런 압박감을 느끼지 않길 바랄 뿐이야. 이미 우리나라는 세계적인 경제 대국으로 올라섰고, 앞으로 네가 어떤 삶을 살더라도 먹고사는 문제로 생활에 큰 어려움을 겪진 않을 거야. 그러면 어떻게 살면 되겠니? 자유로운 영혼이 되어서 자기가 하고 싶은 걸 잘하면 되는 거지! 바라건대 너의 위치에서 조금이나마 남을 돕는 사람이 되고, 폭넓게 생각할 수 있는 사람이 되길 바랄 뿐이지.

그래도 책을 많이 읽는 건 중요하겠지요, 할아버지?

독서는 정말 중요해. 특히 네 나이 때에 독서 습관을 잘 들이는 것은 꼭 필요한 일이야. 내가 예전에 해외 출장을 자주 다닐 때 공항에 나가면, 몰려다니는 젊은이들 중에서 한국인은 딱 바로 티가 났어. 한국 아이들의 손에는 책이 없는 거야. 방학 시즌 공항에 온 다른 나라의 아이들 손에는 단행본이 한 권씩 손에 들려 있는 것이 보통이었단다. 그때는 인터넷도 그렇게 자유롭지 않았으니깐, 걔네는 다음 비행기를 기다리는 동안 공항에서 책을 손에 들고 앉아 그걸 보는 거야. 그러지 않고 끼리끼리 모여서 떠드는 친구들은 다 우리나라 사람이었는데, 난 그게 정말 싫었어. 잔소리를 하는 것 같아 조금 미안하지만, 나는 네가 소설과 지리책, 역사책, 이렇게 세 가지는 좀 더 많이 읽었으면 해. 그런 책을 많이 읽어두면 앞으로 네가 자라서 더욱 풍요롭게 삶을 즐길 수 있을 거라고 믿기 때문이야. 나는 책이야말로 다른 사람의 생각을 포용해서 한 사람을 편협해지지 않게 하는 가장 유용한 도구라고 생각해. 이게 내가 젊은 시절 좋은 책들을 그렇게 열심히 우리나라에 소개하려고 했던 이유이기도 하고 말이야.

할아버지는 요즘 무엇이 재밌으세요?

아무래도 텃밭 농사를 짓는 일이 제일 재미있어. 몇 년 전부터 작은 텃밭에서 유기농으로 농사를 지으며 여러 가지 작물을 직접 키우고 있거든. 그러면서 내가 이제까지 지식으로만 익히고 책을 통해서만 배웠던 것의 부족함을 여실히 느끼고 있지. 실제로 내가 몸으로 체험해서 경작하는 일이 얼마나 즐거운지도 절실히 깨닫고 있고, 또 자연주의적인 농법이 왜 소중한지도 더 체감하게 되고 말이야. 나는 퇴비를 거의 쓰지 않고, 농약은 절대로 안 써. 그렇게 기른 못생긴 채소와 과일을 수확해서 네 할머니와 먹고 주변 사람들에게 나눠주는 일이 정말로 즐겁단다. 우리나라 시골에는 이제 빈집, 빈 땅도 많으니 나처럼 은퇴한 사람들이 이렇게 농사를 지으며 안전한 먹거리도 확보하고, 좀 더 평화로운 삶을 살아갈 수 있지 않을까? 집에서 그리 멀지 않은 곳에다가 밭의 크기를 조금 더 늘리고, 거기에 농막도 지어서 취미 농사를 즐기는 게 지금 내 목표란다.

또 우리는 새들과도 정말 친하게 지내고 있어. 직박구리, 멧새, 동고비, 산비둘기, 참새, 어치 등등 집 주변에서 흔히 볼 수 있는 야생조들 말이야. 몇 년 전 네 할머니와 함께 아파트 뒤쪽 베란다 화분대에 새 모이를 놓아두기 시작했어. 아파트 주변에선 온갖 새의 소리를 들을 수 있었거든. 그 후 얼마 지나지 않아 새들이 찾아왔는데, 그 수가 점점 더 늘어나는 게 아니겠니? 얼마 전엔 생을 마감할 때가 다 된 어치 한 마리가 날아와서 할머니 손 위에서 죽었을 정도로 새들과 가깝게 지내는 중이지. 왜 그 새는 할머니 손에서 죽었을까? 그동안 모이를 준 은혜를 못 잊어서였을까? 그렇게 새들이 찾아와서 우리에게 친밀하게 구는 걸 보면, 새들이 살아가는 모습 또한 우리 사람 사는 것과 별로 다르지 않다는 걸 깊이 느낄 수 있단다. 새는 정서적으로도 우리에게 정말 많이 도움이 되는 것 같아. 나는 우리나라 어디를 가도 새들이 쩍쩍거리는 그런 나라를 만들고 싶은데, 지난해와 올해는 더위가 너무 격심한지 집에서도 뒷산에서도 새의 울음소리가 뜸해진 것 같아 마음이 많이 아팠어.

환경을 위해 따로 하고 계신 일이 있나요?

특별한 일을 하고 있진 않지만…. 생각나는 게 하나 있구나. 나는 한 아파트에서 25년 가까이 살고 있는데, 아파트에 크게 돈 들어갈 일은 배관 공사, 엘리베이터 공사, 도색 공사, 이 세 가지 정도일 거야. 그중에서도 아파트가 한 20년쯤 되면 온배수관, 난방배관 등이 부식하고 자주 막히곤 해서 배관 공사를 해야 하거든. 그럼 아파트의 입주자대표회에서 공사를 할 것인지 말 것인지, 언제 할 것인지를 결정하게 되고, 그럴 때 보통은 아직 배관의 내구 수명이 남아 있는데도 공사를 일찍 하고 싶어 해. 입주자대표회의 구성원은 2년에 한 번씩 교체되는데 자기들 임기 내에 그 공사를 발주시키고 싶은 거야. 공사를 언제 시작할지는 아파트마다 다양하겠지. 좀 엉성하게 지은 아파트는 배관 공사를 빨리해야 하겠고, 어떤 아파트는 튼튼한 자재를 썼으니까 공사를 늦추어도 별일이 없을 거야.

우리 아파트에서도 몇 년 전에 배관 공사를 하겠다고 공고가 올라왔어. 공사 설명회를 개최하니 오라고 해서 그 이야길

듣고 내가 찬찬히 뜯어보니깐, 그 사람들이 나열하는 공사 이유가 전혀 얼토당토않은 거야. 그때 우리 아파트 배수관 자재의 수명이 아직 한참 더 남아 있었거든. 내가 이렇게 반박하니 입주자대표회의 측과 관리사무소 분들이 그럼 그 안이 과연 얼마나 타당한지 아파트 주민의 입장에서 검토위원회를 만들어 타당성을 평가하는 게 좋지 않겠느냐고 그러더라고. 그래서 내가 나서서 위원회를 만들고 꼼꼼하게 분석해서 공사 반대 의견을 냈지. 30년 정도를 써도 멀쩡한데 20년도 안 쓰고 갈아치우면 큰 낭비잖아? 그래서 7년이나 공사를 연기했지. 그러니깐 그다음 집행부가 들어설 때마다 배관 공사를 하겠다고 나서는 거야. 한 7년 정도 끄니깐 나도 지치더라고. 그래서 결국 다 뜯어내고 배관을 갈았단다.

그래도 아파트 주민으로서 할아버지 나름대로 절약을 실천하신 셈이네요.

내가 이런 일을 할 때 말리는 사람들도 많았어. 그게 뭐 그리 크고 중요한 일이냐고 하면서 말이야. 그래도 나는 작은 신념 같은 게 있었어. 우리 사회에서 내로라하는 사람들은 보통 나이가 들면 과거 화려했던 옛 시절이나 생각하며 소소한 일상의 일에는 별로 나서지 않는 걸 잘 아니깐. 나는 그게 참 꼴불견인 것 같아. 사람이 어느 순간에는 짐을 내려놓을 줄도 알아야 하고, 또 반드시 큰일만 일이 아니거든. 아주 옛날에는 중앙에서 일하던 사람이 은퇴하면 시골 고향으로 돌아가서, 자기 고향의 작은 일까지 세세하게 살피던 문화가 있었지. 그게 선비의 할 일이라면서 말이야. 그런데 우리나라 사람들, 특히 큰일을 했던 사람들은 작은 일을 절대 안 쳐다보는 것이 요즘의 세태인 듯해. 내 주위의 사람들이 대부분 다 그랬고, 나는 그런 게 싫었어. 자기에게 주어진 위치에서 크든 작든 자신이 할 일을 찾아서 하는 게 중요하다고 생각했거든. 나는 그저 내 주변에서 내가 기여할 수 있는 것을 찾아야 한다고 생각했을 뿐이지.

  자기가 할 수 있는 일을 찾아서 하는 것! 멋져요!.

맞아. 아무리 잘나가고 윤택한 나라의 사람들이더라도, 그 시민들의 구체적인 삶을 들여다보면 작은 마을에서 소박하게 생활하는 경우가 많아. 그렇게 오순도순 살아가는 일상을 잔잔하게 그려낸 홈드라마도 많고. 우리나라 TV 드라마들은 어떨까? 아직도 전부 다 강남 부잣집에서 벌어지는 일이라거나, 무엇 때문이든 온통 싸우는 이야기가 너무 많아. 우리는 지난 반세기 동안 너무 돈, 돈, 발전, 발전, 하면서 살아왔어. 그래서 그런지 지금은 시골도 그렇게 평화로운 동네가 아니야, 시골 사람들끼리도 치열하게 싸우더라니깐. 우리나라는 몇십 년 동안 정말로 삭막한 사회가 되어버렸는데, 앞으로는 모두가 잘사는 나라가 아니라 모두가 행복한 나라로 조금씩 바뀌어 가야겠지. 우리가 우리 주변에서부터 그런 노력을 시작하는 것이 중요할 거고, 그렇게 한다면 자동적으로 우리 주위의 환경도 훨씬 더 보전이 잘될 거야. 어쨌든 중요한 건 삭막하지 않게 살아가고, 서로 웃으면서 밝게 지내는 거라고 생각해.

　　매일 웃으면서, 매일 밝게! 우리 사회가 그렇게 바뀌어 갈 수 있을까요?

나는 충분히 그럴 수 있으리라고 믿어. 그런 공동체에 대한 지향이 확실하다면, 우리는 환경적인 측면에서도 서로에게 좀 더 관대할 수 있을 거야. 예를 들어서 골프에 관해 이야기해볼게. 골프는 환경과 지구의 미래를 위해서는 그다지 좋은 취미라고 할 수 없지. 한 사람이 사용하는 환경의 자원, 온실가스의 총량을 탄소발자국이라고 부르는데, 어느 누가 다른 사람들보다 훨씬 더 많은 자원을 소비하고 온실가스 배출량도 많다면 그건 환경을 훼손하는 행위에 속하겠지. 골프는 어떨까? 골프장 단위면적당 이용자의 수나, 아니면 골프장의 유지 관리에 들어가는 비료, 농약 같은 화학물질이나 물의 양 등으로 봤을 때 골프는 분명히 환경을 오염시키는 스포츠야. 에너지 과소비에 해당하는 스포츠고 말이야.

나는 처음부터 골프를 치지 않겠다고 선언한 사람이야. 이제까지 단 한 번도 친 적이 없단다. 다만 내가 골프장 건설에 반대하느냐? 사람들이 건강과 친교를 위해서 골프 치는 걸 무조건 안 좋게 보느냐? 그렇지는 않아. 사업상 지나치게 스트레스를 받거나 너무 일에 바빠서 도저히 자기 시간을 내기 힘든 친구들에겐 오히려 난 골프를 권하기도 한단다. 부자 나라가 되면, 비싼 스포츠를 즐기는 사람도 역시 좀 있어야 해. 그걸 과도하게 억제하면 안 돼. 우리나라 정도 되는 경제력이라면 스포츠카도 좀 팔려야 되고, 요트 산업 같은 것도 좀 더 발전할 필요가 있지. 나는 그런 부문도 적당한 활성화가 필요하다고 생각해. 지나치지만 않으면 그런 욕망도 허용될 수 있다고 생각하는 편이야.

그렇군요. 저는 할아버지가 골프를 치는 건 왠지 싫어하실 것 같았어요.

물론 나는 치지 않아. 그건 환경학자로서 내가 20대 때부터 굳게 결심한 것이란다. 물론 이쪽 전공을 하면서도 골프를 즐기는 동료 학자들도 많았지만, 나는 그 사람들을 비난하고 싶진 않아. 요즘 젊은 사람들은 골프 영웅 박세리를 그렇게 좋아하고 존경하지 않니? 그런 사회에서 사람들이 골프를 즐기는 걸 이상하게만 바라보는 것도 좀 현실성이 떨어지지. 과거처럼 조직의 강요로 치기도 싫은데 억지로 친다거나, 우르르 몰려다니면서 흥청망청 접대용으로 친다거나 그런 게 아니라면, 무조건 반대하는 것도 그리 현명하지는 않다고 생각해. 누구든 가깝고 친한 사람과 여유롭게 그 스포츠를 즐길 수 있다고 봐.

결국, 가치관과 세계관의 문제일 거야. 이건 기후와 환경의 문제이기도 하겠지만, 어쩌면 보편적인 대한민국 시민의 관점에서 살펴볼 만한 사회정의에 관한 문제이기도 할 거야. 사회정의와 환경정의가 맞물린 문제일 거고. 그러니 우리 사회가 어느 정도의 수준에서 문화의 기준을 마련할 것인가를 차차 정립해 나가야겠지. 나는 꼭 내 주장만 옳다고 생각진 않아. 조금 더 엄격한 사람도 있고, 조금 더 느슨한 사람도 있겠지? 정의를 묻는 일엔 한 가지 답이 있을 수 없으니깐, 모든 의견과 관점이 다 소중하다고 할 수 있을 거야.

사람들의 다양한 취미, 다양한 욕망도 인정해야 한다고 보시는 걸로 느껴져요.

그 말이 정확하구나. 이제 스무 살이 된 스웨덴의 환경운동가 그레타 툰베리는 비행기를 타는 것도 기후 위기를 악화시키니까 지구 반대편으로 이동할 때도 배를 탄다고 하지 않니? 반면 미국 부통령을 지내고 환경운동에도 열심이었던 앨 고어는 으리으리한 대저택에 살면서 개인 제트기를 애용하기도 하지. 이러한 삶의 방식들에 대해서는 사회적으로도 의견이 분분하고, 이런 단면들을 어떻게 바라봐야 할지는 사람에 따라서 생각의 차이가 있을 거야.

그렇지만 나는 다른 건 다 제쳐놓더라도, 단 하나 절대로 용납할 수 없는 것이 있어. 바로 우주 관광이야. 요즘 미국을 중심으로 비싼 돈만 내면 우주에 나갈 수 있는 상품이 생겨서 아주 떠들썩하게 인기가 많다더라고. 몇십억을 내서 로켓을 타고 지구를 몇 바퀴 돌다가 오는 일이 유행이라고 하는데, 그건 정말 미친 짓이라고 생각해. 로켓을 쏘아 올릴 때 필요한 연료의 양이 그야말로 어마어마하거든. 우주에 한 번 나갔다가 오는 동안 그렇게 자원을 낭비하고, 성층권과 오존층을 파괴하면서 엄청난 온실가스를 펑펑 내뿜을 수 있는 권리는 누구에게도 없어. 그런 취미는 우리 후손에 대한 파렴치한 일이라고 생각한단다.

어느 정도 여유가 생길수록 자기 탄소발자국의 기준을 잘 잡는 일이 중요하겠네요, 할아버지.

네 말 그대로야. 그 기준을 잡는 건 인간과 환경의 관계를 끊임없이 고민하는 일이라고 할 수 있어. 인간의 행복에 관한 질문이자, 책임에 대한 질문이기도 하겠지. 우리가 어떤 세상을 바라고 있고 만들어가고 싶은지에 대한 질문이기도 할 테고.

어쨌든 요즘은 책이든 음악이든 영화든 워낙 시간을 보낼만한 게 많은 세상이고, 우리 때보다도 훨씬 더 즐길 거리도 많아진 것 같은데, 아이들은 왠지 심심하고 더 힘이 빠져 보이는 것처럼 느껴질 때가 많아. 특별하게 뭘 해보고 싶은 욕망이 없는 것처럼 보이기도 하고. 빠르고 여유 없는 이 세상에서 덜렁덜렁 시간을 보내는 게 불안한 걸까….

지금까지 이런저런 이야기를 네게 들려주었지만, 할아버지로서 네가 어떤 사람이 되면 좋겠다고 말하는 건 역시 별 도움이 안 될 것 같아. 나는 그저 네가 하고 싶다면 무엇이든지 할 수 있는 잠재력을 가지고 있다는 것만 믿고, 너의 행복이 이 세상을 더 낫게 바꿀 수 있다는 것을 언제나 잊지 말아 주었으면 좋겠어. 난 그거면 충분하단다.

나가며

과학이 세상의 모든 것을
설명할 순 없더라도

10

할아버지는 평생을 과학자로 살아오셨잖아요. 어떻게 처음 과학자가 되기로 결심하셨나요?

내 아버지, 그러니깐 네 증조할아버지는 직업군인이셨어. 그래서 난 어릴 때부터 전국을 돌며 학교생활을 했지. 초등학교에 다니던 6년 동안 여덟 번 전학을 다녔을 정도였단다. 저 강원도 전방 지역에서부터 전라도, 경상도의 시골과 대도시까지 전국 8도를 돌면서 학교에 다녔는데, 이곳저곳의 자연환경과도 새롭게 마주치고, 거기서 뛰놀다 보니깐 『시튼 동물기』 같은 책에 나오는 내용이 내 삶에 자연스럽게 와닿았던 것 같아.

중학교와 고등학교에 다닐 때 학교 공부 말고도 정말 다양한 일에 관심이 많았어. 그래서 또래 친구들보다 책도 많이 읽고, 신문과 시사 잡지도 탐독하고, 그러면서 자연히 환경오염의 위기, 식량난과 핵 사용에 따른 인류의 미래 문제 등에 관심을 가졌어. 그런 게 우리나라에서도 점점 더 심각해질 것으로 느껴졌지. 또 내가 고등학교에 다니던 1970년대 초반에는 DNA와 분자생물학 열풍이 전 세계에 불어닥쳤고, 또 마침 생물 선생님이 정말 잘 가르치고 인품도 훌륭하신 분이었거든. 그때 본격적으로 생물학을 공부해야겠다고 다짐했어.

나는 이공계 학생이었지만, 어릴 때부터 적성검사를 하면 문학성이나 언어능력, 사회성 같은 수치가 꽤 높게 나오곤 했었단다. 그런데 대학에 들어가서 생물학 공부를 하니깐, 그중에서도 마침 내 적성에 딱 알맞았던 전공 분야가 있는 거야. 바로 생태학이었어. 생태학은 생물 하나하나를 분류하고 따지는 학문이라기보단 생물과 생물들 사이의 관계를 연구하고, 생물과 환경, 나아가서 자연의 생물들과 인간의 상호작용을 연구하는 학문이었거든. 나보다 앞서 레이첼 카슨 같은 분이 보여주었던 게 위대한 생태학의 성취였지. 그렇게 나는 평생을 카슨처럼 인간과 환경의 역동적인 관계를 밝혀야겠다고 그때쯤 생각했던 것 같아.

그리고 대학원에 가신 거예요?

응. 그렇게 대학 시절을 보내고 1977년에 한국과학원(KAIS) 석사과정에 진학하게 됐단다. 현재의 KAIST 전신인 KAIS는 소위 대학원 대학으로서 내가 5기 입학생이었는데, 9개 전공 과정에 입학생 총수가 220명에 불과했어. 과학 발전에 많은 관심을 두었던 박정희 정권이 전국의 우수 이공계 대학 졸업생들을 선발해서 나라를 위한 과학기술 인재로 양성하고자 했던 거지. 이 기후 위기 시대에도 국가의 역할이 여전히 중요하다고 너에게 그렇게 강조했던 건, 역시 이러한 내 젊은 시절의 실제 경험과 학문적 배경 때문인 것 같아.

1977년이면 우리나라 국민소득이 막 1천 달러를 넘기는 시기여서 국가 전체가 아직도 많이 가난했고 절전과 절약이 사회적 구호였던 즈음이거든. 나라는 별로 힘이 없고 사람들의 삶도 팍팍했지만, 지금 생각하면 1970년대 후반 당시는 전 세계적으로 생명과학에 대한 엄청난 주목이 이뤄지던 무렵이었단다. 나는 생물공학과에 입학해서 그렇게 세계를 사로잡은 과학의 힘과 에너지에 흠뻑 빠져들었어. 매일매일 쏟아지는 과제물과 실험실 연구로 허덕허덕하면서도 2년간 즐겁게 공부했지. 내 석사학위 논문은 우리가 식물성플랑크톤이라고 흔히 부르는 광합성을 하는 미생물을 사용해 가정하수를 처리하는 공정에 관한 것이었어. 대학 때 매료된 생태학적인 관점과 첨단 공학기술을 통해서 우리 일상의 환경문제를 해결하려고 내 나름대로 열심히 노력했다고 해야겠지.

대학원에 다니셨던 때부터 우리가 겪고 있는 환경문
제를 해결하겠다는 목표가 뚜렷하셨군요.

그렇게 봐주니 고맙구나. 그런데 그때는 많은 동료들이 나와 비
슷했던 것 같아. 워낙 가난한 나라에서 과학계의 인재로 길러졌
으니, 이 사회에 조금이나마 보탬이 되고자 눈에 불을 켜고 공
부하는 친구들이 많았어. 한국과학원을 졸업한 뒤 1979년엔 한
국과학기술연구소(KIST) 환경공학실에 연구원 자리를 얻었는
데, KIST는 1966년 미국의 원조로 설립된 우리나라 최초의 서
구식 연구기관이어서 그 위상이 무척 높았단다. 각 연구실을 주
관하는 실장들은 대부분이 외국에서 박사학위를 받은 분들로
서, 당시 첨단 과학과 공학적 지식에 목마른 산업계의 연구 수
요를 감당하느라 연구소 전체가 아주 활발하게 움직였어.
  우리 환경공학실 역시 다른 연구실들과 마찬가지로 아주
바빴는데, 말단 연구원이었던 내게는 그야말로 우리나라 온갖
환경문제들의 실상을 고루고루 접해볼 수 있었던 아주 소중한
기간이었지. 우리나라 최대 규모의 울산, 남해 공업단지의 대
기오염 실태를 파악하고 해결 대책을 수립하는 일, 한강과 낙
동강의 수질오염 개선 대책을 수립하는 일, 서울시 각 가정에

서 배출되는 생활 쓰레기의 공학적 처리 방법 연구 등등…. 당시 막 발전 과정에 접어들었던 개발도상국에서 발생할 수 있는 전형적인 환경문제들을 스무 살을 갓 넘긴 약관의 나이에 고루 접해볼 수 있었다는 것은 지금 생각해도 커다란 행운이 아닐 수 없어. 참, 1979년 11월에는 네 할머니와 결혼을 하기도 했지! 아직 스물넷밖에 되지 않았을 때인데, 결혼을 좀 일찍 했지? 나는 네 할머니와 일찍 결혼했던 게 내 인생에서 가장 잘한 일 중 하나였다고 지금도 생각한단다.

와, 그리고 미국으로 유학을 가신 거예요?

맞아. 1982년 8월에 할머니와 그때 두 살이었던 네 엄마와 함께 미시간대학교로 유학을 떠났어. 이미 과학원에서 미국식 대학원 교육을 제대로 경험했고, KIST에서 연구 실전 능력을 충분히 갖출 수 있었기에 미국 학교에서의 공부와 실험에는 사실 특별히 어려운 점이 없었어. 처음에는 영어가 달려서 좀 힘들었지만, 영어에 조금씩 자신이 생기면서는 교수 대신 강의를 하기도 했지. 아직 20대 약관이자 그들에게는 개발도상국 출신 외국인이었던 내가 미국인들에게 강의를 한다는 데에 퍽 자부심을 갖기도 했던 게 사실이란다.
　미시간대학교에서 썼던 내 박사학위 논문은 마이크로컴

퓨터를 사용해서 유해 물질의 독성을 실험하고, 거기에서 나온 데이터를 통계적으로 처리하는 방법에 관한 연구였어. 당시 이 분야에선 미국 최초의 논문이었고, 그래서 학계의 큰 주목을 받기도 했단다. 이 연구는 환경독성학(environmental toxicology) 계열에 속하는데, 환경독성학은 환경에 유포된 화학물질이 인간과 다른 생물들에 어떤 영향을 미치는지 분석하고 평가하는 학문이야. 『침묵의 봄』에서 카슨이 풀어냈던 문제의식과도 연결되는 분야지. 나는 KIST에서 우리나라 하천의 수질오염을 분석할 때 농약이 하천을 오염시키는 현상을 직접 확인했잖아. 그래서 농약이 섞인 물을 정수했을 때 그 농약의 독성을 제대로 걸러내지 못하는 문제에 관심이 많았어. 그런 이유로 낮은 농도의 독성 물질을 검출해 그 위험성을 테스트할 수 있는 기술을 개발하려 노력했지.

그리고 돌아오셔서 계속 환경과학자의 삶을 살아오고 계신 거잖아요.

맞아. 미국에서 돌아온 후에는 지금까지 네게 들려준 것처럼 우리나라의 여러 환경문제를 직접 다루기도 했고, 10여 권이 넘는 해외의 훌륭한 과학 도서, 환경 도서를 번역하고, 또 직접 생물학과 환경 관련 저서들을 집필하는 등 치열하게 살았어.

그렇게 살아온 지 어느덧 40년 가까운 세월이 흘렀구나. 그간 우리나라는 엄청난 경제 발전을 달성한 것은 물론 과학기술의 위상도 세계적으로 높아진 게 사실이야. 물론 전 세계적인 과제로 떠오른 기후 위기를 해결해야만 하고, 또 이 책에서 네게 들려준 다양한 과제도 아직 산적해 있지만, 내가 젊었던 시절과 비교한다면 우리나라 환경의 질은 그동안 그 나름대로 무척 좋아진 건 분명해. 그래서 난 조금은 낙관적인 편이야. 우리에게는 그동안 축적된 40년 환경 개선의 역사적 경험이 있고, 또 현재 우리나라의 경제력과 국력 또한 이미 세계 10대 선진국 수준에 이르렀으니깐.

할아버지, 과학에는 정말 진심이시라고 할 수 있네요!

듣고 보니 그렇네. 하하. 그런데 2000년대 이후에도 우리 사회에선 과학을 신뢰하지 않는 분위기가 곳곳에서 엿보여 안타까울 때가 있었단다. 그중에서도 2012년 '교과서 진화론 삭제 사건'은 지금도 내 기억에 깊이 남아 있어. 이 사태는 우리나라의 특정 기독교계 일부 신자들이 '교과서진화론개정추진위원회'라는 것을 만들어 중·고등학교《과학》교과서에서 진화론을 빼자고 교육과학기술부에 청원을 넣은 것이 발단이었어.

그 단체가 이미 오래전부터 교과서에 실린 진화 관련 내용을 수정해야 한다고 여러 차례 청원을 넣었는데, 문제는 이때 정말로 교과서에서 진화론 관련 내용이 수정되고 삭제될 뻔한 데까지 사태가 번졌던 거야. 당시 주무부처였던 교육부가 그걸 방관했다는 책임도 적지 않아. 만약 영국의 저명한 과학주간지 《네이처Nature》가 그때 이 사안을 기사로 다루지 않았으면 정말로 시조새와 말이 진화하는 과정에 대한 과학적 내용이 교과서에서 사라질 뻔했어. 이 뉴스가 알려지자 전 세계 사람들이 우리를 비웃었고, 이를 비난하는 국내 여론도 들끓었어. 그야말로 대한민국 국격의 실추였지.

어떻게 학생들이 배우는 교과서에서 진화론을 삭제할 생각을 한 거죠?

그러니깐 말이야. 교과부가 2009년 자체적으로 정한 교과과정에서도 이미 화석의 변화를 통한 생물종의 진화 과정에 대한 내용을 반드시 포함하도록 정해두고 있었고, 이건 만국 공통의 과학 교과서 집필 취지에 부합하는 것이었지. 실제로도 창조론에 입각해서 진화학과 진화생물학을 공격하는 사례는 기독교 근본주의가 왕성한 미국 남부의 일부 지역을 제외하고는 전 세계적으로 거의 찾아보기 어려웠어. 심지어 그런 미국에서조차도 창조론자들의 요구로 교과서 내용이 개정된 사례는 전무했고. 현대 진화생물학의 관점에서 볼 때 과학적으로 전혀 타당성이 없으며, 단지 특정 종교의 편파적인 논리에 기초한 비과학적인 주장에 불과했지.

우리 생물학계에서도 뒤늦게나마 목소리를 냈어. 한국고생물학회와 한국진화학회 등 생물학 관련 여러 학회들이 모여서 공동으로 교육부에 반대 청원서를 제출하기로 했는데, 이때 청원서 작성의 책임을 내가 맡았단다. 결국 교육부는 창조론자들의 청원을 기각했고, 이후 우리 과학계에서 진화는 꼭 가르쳐야 하는 중요한 교육과정의 요소라고 다시 강조하는 데서 사태가 일단락됐어. 사실 지금 생각해도 이 사건은 우리 과학계에 먹칠을 한 부끄러운 일이었고, 21세기에 절대로 벌어져선 안 되는 일이었지.

다행이네요…. 할아버지는 과학의 힘을 믿으시고, 우리가 좀 더 과학적으로 생각하길 바라시겠지요?

그렇기도 하고, 아니기도 해. 물론 기본적으로 우리 인류가 나아가야 할 방향은 과학에 바탕을 두어야 한다는 건 틀림없어. 우린 언제나 과학에서 출발해야 하고, 매사 과학적인 탐구와 검증을 통해서 진리를 추구해야 하는 건 분명해. 그렇지만 나는 과학이 이 세상의 모든 것을 설명해줄 수 있다고는 생각하지 않아. 현대 과학이 해결할 수 없는 분야가 있다는 걸 겸허하게 인정해야 한다고 믿고 있어.

리아야, 인간게놈프로젝트(Human Genome Project)라고 들어보았니? 이 프로젝트는 인간의 세포 속에 들어 있는 DNA의 서열을 밝힘으로써 인간의 본원적인 실체를 밝히고자 했던 초거대 프로젝트였단다. 1990년부터 전 세계 과학자들이 힘을 합쳐서 인간 유전체를 구성하는 30억 쌍의 염기서열 전체를 밝히고 유전자지도를 완성하려는 계획을 세웠어. 20세기 말의 가장 큰 과학 프로젝트였는데, 예정보다 일찍 끝나서 2003년에 인간 유전자의 대부분이 밝혀졌지. 당시에는 인간의 유전정보를 제대로 알기만 하면 인간의 신비가 벗겨지고, 모든 병을 치료할 수 있고, 인간과 사회의 비밀이 거의 다 풀릴 거라고 믿었던 거야.

그러나 그런 기대는 틀렸어. 암을 비롯한 인간의 여러 유전적 질환을 해결하는 일은 여전히 난제로 남아 있고, 인간사의 온갖 현상은 유전자 해독만 가지고는 안 된다는 걸 우리는 이제 알고 있지. 한 사람의 능력과 성격, 키와 몸무게와 얼굴 생김새 등이 결정되는 요인은 DNA에 다 숨어 있는 게 결코 아니란다. 그런 유전적인 측면이 물론 중요한 영향을 미치겠지만, 그에 더해서 한 사람을 둘러싼 환경과 교육, 인간관계 등 여러 요소가 두루 영향을 미친다는 게 과학적으로도 밝혀지고 있어. 하나의 생물 개체로서 유전자만으로 결정될 수 없는 여러 환경적 요인과 특성을 밝혀내는 학문을 후생유전학이라고 부른단다.

우리 인간을 결정할 수 있는 단 하나의 요인은 없다는 말씀, 할아버지가 해주셨잖아요.

맞아. 나는 현대 과학이 나아가는 방향에 대해 한편으론 낙관적이면서도, 한편으론 너무 한쪽으로 치우쳐서 해석하는 것을 경계해. 게놈프로젝트는 내게 환원론적인 사회생물학에서 비롯된 가장 강력하고 극단적인 경우라고 느껴졌는데, 나는 이런 단순한 환원주의에 반박할 수밖에 없었지. 과학계에서 어떤 한 가지 진리를 발견하면 그 진리가 과학 바깥의 세상을 훨씬 낮게 바꿔줄 수 있다거나, 어떤 놀라운 과학기술이 세상의 모든 것을 해결할 수 있다는 식의 이상론을 나는 믿지 않아. 오히려 그런 이상론은 자칫 너무도 위험할 수 있다고 생각하기도 한단다.

2000년대 초반에는 황우석이라는 한 과학자가 나타나서 인간 체세포를 이용한 배아줄기세포 배양에 성공했다고 온 나라가 떠들썩했던 일이 있었단다. 배아(embryo)는 생식세포인 난자와 정자가 만나서 결합된 수정란을 가리키고, 배아줄기세포는 착상 직전 단계나 임신 8~12주 사이에 유산된 태아에서 추출한 줄기세포를 가리켜. 이 줄기세포는 인체를 구성하는 모든 세포나 조직으로 분화가 가능한데, 그래서 일종의 '만능세포'라고 부를 수 있지. 그런데 인간 체세포에서 핵을 분리해 여성에게 제공받은 난자의 핵을 제거한 후 그 속으로 삽입하면, 마치 난자와 정자가 만난 것처럼 새로운 복제배아가 만들어질 수 있지 않겠니? 그걸 만드는 건 황우석 이전부터 가능한 일이었지만, 그렇게 만들어진 복제배아는 다 줄기세포를 얻을 수 있을 만큼 길게 살아남지 못했지. 황우석 박사는 이 복제배아에서 줄기세포를 추출해 따로 배양하는 데까지 성공했다는 거야. 그는 이 성공으로 모든 난치병과 불치병을 해결할 수 있다고 자신하며 국가의 영웅으로 떠올랐어.

아픈 사람들은 자기 체세포를 떼어내서 배아를 만들고, 그 배아의 줄기세포를 이식하거나 원하는 장기의 세포로 분화시켜 자기 신체에 이식하면 될 테니깐요.

정확하구나, 리아야. 그렇지만 얼마 되지 않아 그의 연구는 통째로 사기극이라는 게 밝혀졌어. 그런데 그의 배아줄기세포 연구가 사기였든 아니든 간에, 나는 그가 한창 잘나가던 때에도 온통 그를 찬양하는 국가적인 분위기가 정말 이해되지 않았어. 황우석 박사의 연구는 인간 복제의 첫 단계를 보여준다고 할 수 있는 중대한 사안이었거든. 배아는 자궁에 착상시키면 생명체로 성장할 수 있는 수정란이잖니? 그리고 만약 배아에서 줄기세포를 얻어낼 수 있다고 해도, 그럼 그 세포를 제공한 배아는 쓸모가 없어지고 죽을 수밖에 없겠지. 그 배아를 죽이지 않고 여성의 자궁에 착상시킨다면, 그건 체세포를 떼어낸 사람의 복제 인간이 될 거야. 생명 윤리의 차원에서 가장 엄격하게 다뤄져야 할 문제인 게 분명하지.

그런데 당시 우리나라는 어땠을까? 우리는 그가 배아줄기세포 배양의 원천 기술을 확보했다고 하자마자 그를 거의 신격화했어. 조금이라도 그의 연구에 의문을 가지고 과학적 검증 차원에서 문제를 제기하는 일부 학계와 언론의 의견을 마치 악마처럼 몰아붙이면서 그가 우리나라를 먹여 살릴 영웅이라고 떠받들었지. 그런데 다른 나라는 그렇지 않았어. 1996년 영국의 한 연구소에서 이미 같은 방식의 체세포 복제를 통한 복제 동물, '복제양 돌리'가 처음으로 탄생했었거든? 그때 서구의 주요국 지도자들은 향후 생명 윤리에 미칠 파장을 우려해서 국가의 지혜를 모으기 위해 힘썼어. 과학자뿐만 아니라 윤리학과 철학 등 인문학 연구자들의 말을 듣기 위한 범정부 차원의 기구와 위원회를 설립했지. 우리는 국가의 지도자부터 국민들에 이르기까지 하나같이 황우석 열광에 열을 올릴 뿐이었어. 결국 우리 사회의 후진성, 비과학성, 그리고 무지함을 여실히 드러난 사건이었지.

할아버지는 어떻게 그런 생각을 하시게 된 거예요? 과학이 세상의 모든 걸 설명할 수는 없다는 생각 말이에요.

나는 젊었을 때부터 과학이 과학계 바깥의 사회, 국가, 세계와 만나는 지점에 관심이 많았지만…. 내가 그런 생각을 더 할 수 있었던 건 내 아들, 그러니깐 너희 엄마보다 네 살 어렸던 남동생이 어린 나이에 죽은 일 때문인 것 같아. 너에게는 외삼촌이겠지? 내가 미국에서 유학을 하던 1985년에 그 아이가 태어났거든. 그런데 그 애에게 1997년 백혈병이 발병해서, 2년 남짓 투병 생활을 하다가 1999년에 하나님 나라로 갔단다.

나는 인생을 대체로 즐겁고 낙관적으로 살아왔다고 자부하는 사람인데, 내 인생의 가장 큰 아픔은 그 작은놈이 죽은 거야. 나한테 어느 만큼의 충격이었냐면, 나는 그 아이의 생일은 절대 안 잊어버리는데 죽은 날은 지금도 기억을 못 해. '저놈이 2월 며칠에 죽었는데, 그걸 꼭 기억해 놓아야지' 하다가도 막상 나중에 떠올리려 하면 애가 언제 죽었는지 도무지 생각이 나질 않아. 내 두뇌의 어느 부분에서 아이에 대한 생각을 딱 막아버리는 것 같아. 그 아이의 죽음이 내 무의식에 그렇게 큰 영향을 미쳤나 싶으면서, 가끔 죽은 녀석 생각을 하지.

할아버지, 그런 슬픈 일이 있었군요. 저도 어렴풋하게
만 짐작하고 있었던 사실이었어요.

응. 너에게는 아직 그런 자세한 이야기를 들려준 적이 없었으
니깐. 네가 아주 어릴 적 우리 집에 왔을 때, 내 딸과 동생이 어
렸을 때 함께 찍은 사진을 너에게 보여주었어. 너는 그 두 사람
이 누구냐고 궁금해했지. 우리가 너한테 "네 엄마랑 삼촌이야."
라고 말해주니깐, 네가 그때 삼촌은 어디 갔느냐고 물었단다.
우리는 "하나님이 불러서 갔다"고 말해주었어. 아마 네가 워낙
어릴 때라 기억이 나진 않을 거야.

그때 아이가 걸렸던 백혈병은, 20여 년이 지난 지금의 의
학 기술로도 살리기 힘든 병이야. 암은 신체의 어느 부분에서
갑자기 이상세포가 증식하는 것인데, 백혈병은 그런 일이 핏속
에서 벌어진단다. 백혈병의 진행 메커니즘은 이미 잘 알려져
있지만, 치료하는 일은 여전히 쉽지 않아. 1960년대에는 미국
이 암 정복을 국가적 과제로 천명하면서 그야말로 어마어마하
게 많은 돈을 썼는데도 암 정복은 아직도 요원하지. 게놈프로
젝트도 암을 정복하진 못했고 말이야.

한 사람의 부모로서 생각한다면, 내가 과학자이기는 해도,
역시 과학의 무력함에 대해 낭패감을 느낄 수밖에 없어. 그리
고 겸손해지지. 과학에만 매달려서 인생을 살아갈 수는 없다고

도 생각하고, 또 한 사람의 운명을 과학의 힘으로만 해결하려는 게 얼마나 오만한 생각인지도 절감할 수밖에 없고 말이야. 그런 일을 겪고 나니 나는 인간에게는 현대 과학이 제아무리 발전해도 해결하지 못하는 것이 남아 있을 수밖에 없다는 생각을 하게 됐어. 그리고 그런 불가능성이 인간을 좀 더 겸허하게 만들 수도 있겠다는 생각도 했고. 그래서 누군가가 과학자는 결코 무신론자가 될 수 없다는 말을 남기기도 했지. 과학자로서 어느 정도 단계에 들어서면 우린 다 과학으로 설명할 수 없는 영역, 오직 신만이 알 수 있는 영역, 즉 과학의 한계를 느낄 수밖에 없으니깐 말이야.

제게도 삼촌이 있었을 뻔했는데…. 아쉽고 슬퍼요.

지금처럼 우리 환경과 지구의 미래를 함께 고민해주고, 언제나 밝고 기운차게 하루하루를 보내는 너를 보며 삼촌도 저 위에서 행복하게 지켜보고 있을 거야. 그리고 그렇게 말해주어서 정말로 고맙구나.

나는 과학자로 한평생을 열심히 살았지만, 우리가 이 세상을 어떻게 좀 더 좋은 곳으로 만들 수 있을지 고민할 때 중요한 건 역시 과학기술만이 아니야. 특히 환경문제에 있어서는 더 그럴 거고. 이 지구 환경과 자연생태계는 인간의 삶, 또 인간 주위의 온갖 생명과 긴밀하게 관계를 맺고 있기 때문에 설령 과학만 발전한다고 해서 더 좋아지게 되기를 꼭 결코 바랄 수만은 없단다. 기후와 환경은 그야말로 우리의 삶 전체와 연결된 분야야. 그러니깐 우리 모두가 지금과는 조금씩 다르게 살아야 앞으로 이 지구의 미래가 달라질 수 있을 거야. 세계의 다른 나라가 아니라, 우리 대한민국은 이미 그렇게 생각해야 할 단계에 와 있어. 지구의 운명은 다른 곳이 아니라 우리 한 사람 한 사람의 삶 안에 담겨 있어. 너의 삶에 지구가 담겨 있단다. 나는 그런 이야기를 너에게 꼭 들려주고 싶었어.

리아야, 너는 누구에게나 따뜻하고, 남을 배려할 줄 알고, 측은지심의 마음이 강하다는 걸 잘 알고 있어. 지구는 너처럼 너보다 더 약한 사람, 소외당하는 존재를 따뜻하게 대하는 마음을 가진 사람들에 의해서만 조금씩 더 나아질 수 있을 거야. 소박한 마음가짐으로 자신만의 삶을 살아가는 사람들, 그러면서도 이웃과 담담한 애정을 나누며 서로를 신뢰하는 사람들이 지구를 지켜갈 수 있을 거야. 우리 주위에서 함께 살아가는 사람들, 우리의 주변 환경에서 살아가는 다른 생물들에 대한 작은 배려의 힘은 정말로 강력해. 나는 너에게 이런 배려와 따뜻한 마음이 얼마나 중요한지, 이 기후 위기의 시대에 그런 마음이 어떻게 지구를 지키는 일에 보탬이 될 수 있는지를 말해주려 노력했어. 이런 내 말이 과연 너의 마음에 어떻게 남았을지

궁금하구나.

정말 좋았어요, 할아버지. 긴 시간 좋은 말씀 들려주셔
서 감사해요.

나도 고마웠어. 사랑한다, 리아야.

너의 삶에 담긴 지구

어느 환경과학자가 손녀에게 들려주는
기후와 자연과 인간 이야기

발행일   2023년 8월 31일 초판 1쇄
지은이   홍욱희
편집   박성열, 정혜인
디자인   김진성
인쇄   민언프린텍
제본   라정문화사

발행인 박성열
발행처 도서출판 사이드웨이
출판등록 2017년 4월 4일 제406-2017-000041호
주소 서울시 영등포구 당산동3가 522-2, 304호
전화 031)935-4027   팩스 031)935-4028
이메일 sideway.books@gmail.com

ISBN 979-11-91998-20-7 03300